"道路交通安全智能化管控关键技术与集成示范"项目技术丛书

课题一　高速公路行车条件提升关键技术及装备研发

公路风险评估技术及应用

张铁军　万娇娜　米晓艺　编著

人民交通出版社股份有限公司
China Communications Press Co.,Ltd.

内 容 提 要

本书结合“十二五”国家科技支撑计划项目的部分主要研究成果，系统地阐述了公路风险评估技术，包括我国公路交通安全整体形势及基础设施重要作用，公路安全完善方法，公路交通安全风险评估模型，风险评估基础数据采集和标准化，对策分析，风险评估安全完善措施实施、监测和评估，公路风险评估应用实例和公路风险评估技术发展及安全完善先进理念。

本书可供从事交通安全技术及相关领域科研、教学和管理工作的人员参考，也可作为高等院校交通运输工程和交通安全工程等专业高年级本科生、研究生的参考用书。

图书在版编目（CIP）数据

公路风险评估技术及应用/张铁军，万娇娜，米晓艺编著. —北京：人民交通出版社股份有限公司，2018.4

（“道路交通安全智能化管控关键技术与集成示范”项目技术丛书）

ISBN 978-7-114-14436-3

Ⅰ. ①公… Ⅱ. ①张…②万… ③米… Ⅲ. ①高速公路—交通运输管理—风险评价—研究 Ⅳ. ①U491

中国版本图书馆 CIP 数据核字(2017)第 309789 号

书　　名： 公路风险评估技术及应用
著 作 者： 张铁军　万娇娜　米晓艺
责任编辑： 戴慧莉
责任校对： 尹　静
责任印制： 张　凯
出版发行： 人民交通出版社股份有限公司
地　　址： (100011)北京市朝阳区安定门外外馆斜街 3 号
网　　址： http://www.ccpress.com.cn
销售电话： (010)59757973
总 经 销： 人民交通出版社股份有限公司发行部
经　　销： 各地新华书店
印　　刷： 北京市密东印刷有限公司
开　　本： 787×1092　1/16
印　　张： 8.25
字　　数： 179 千
版　　次： 2018 年 4 月　第 1 版
印　　次： 2018 年 4 月　第 1 次印刷
书　　号： ISBN 978-7-114-14436-3
定　　价： 42.00 元
（有印刷、装订质量问题的图书由本公司负责调换）

丛书编委会名单

丛书前言

自人类进入汽车社会以来，道路交通事故就如影随形，道路交通安全问题已经成为当今世界一个严重的社会问题。为了遏制道路交通事故的发生，降低道路交通事故的危害，人类做出了不懈的努力。进入21世纪，国际社会对道路交通安全问题愈发重视，在全球范围内掀起了提高道路交通安全性的新高潮。但是遏制道路交通事故发生、缓解道路交通安全压力仍是一项长期、漫长和艰巨的任务。

高速公路是公路交通运输系统的"大动脉"，承担了我国70%以上的公路运输交通量，已成为我国综合交通运输系统的重要组成部分。然而随着高速公路的迅速发展，高速公路交通安全状况不容乐观。一是事故死亡占比较大，根据公安部发布的统计数据，2014年我国高速公路事故死亡人数占比达到了9.71%。二是事故率和死亡率仍然较高，2014年亿车公里事故率和死亡率分别为1.8和1.3，虽然低于普通国、省干线公路，但近年来有所上升，且仍远高于发达国家。与高等级公路相比，低等级公路数量大、覆盖面广，是农民群众出行的主要通道，甚至是唯一途径，对促进地区发展和农民出行有着极其重要的作用。低等级公路事故总量占比不高，但重特大事故比例较大。统计数据显示，2010至2014年一次死亡10人以上的特大交通事故中，41.52%发生在低等级公路上。随着我国机动化进程的不断加快，机动车数量和居民人均出行量进一步快速增长，改善道路交通安全的压力和难度仍在增大。

交通安全是道路交通研究永恒的主题，科技进步和新技术应用则是解决道路交通安全问题的重要手段。由科技部、公安部、交通运输部三个部委联合组织实施的《国家道路交通安全科技行动计划》一期项目"重特大道路交通事故综合预防与处置集成技术开发与示范应用"已于2012年正式通过验收，项目形成了大量具有先进性和实用性的研究成果，示范效果明显，示范路网内事故数平均下降了20.1%，重特大事故数降幅为21.4%，死亡人数平均降幅27%。正是基于此，2014年国家又启动了《国家道路交通安全科技行动计划》二期项目"道路交通安全智能化管控关键技术与集成示范”，其目标是在一期的基础上，利用传感网、大数据研判等先进信息技术，围绕道路交通安全的主要矛盾和突出问题，打造安全、有序的高速公路交通行车环境，实现交通行为全方位有效监管，促进重点驾驶人安全驾驶行为和习惯的养成、交通秩序根本性好转，全面提升重特大交通事故的主动防控能力。在低等级公路上重点制订低成本安全设施改善方案和设施安全规范，遏制重特大事故发生。

课题一《高速公路行车条件提升及装备研发》、课题六《低等级公路安全防控关键技术研发与集成示范》是“道路交通安全智能化管控关键技术与集成示范”的重要组成部分。课题一根据高速公路行车条件提升的长期需求和国内外交通安全技术的发展，充分分析我国高速公路交通安全的现状和特点，通过自主创新和高速公路行车条件提升技术的集成应用，研发高速公路设施风险动态评估技术及系统，研究连续下坡等高风险路段以及大雾冰雪等不利行车条件下的安全预警、智能诱导、设施处置和装备应用等一系列主被动安全提升技术，重点完善安全防护设施可靠性设计和研发以及指路标志系统性设计等关键技术，并从车路适应的角度，提出车辆运行安全技术条件，形成综合安全保障技术体系，全面提升高速公路行车环境。在此基础上形成一系列标准、规范和技术指南，并应用于全行业。课题六重点针对安全问题突出的低等级公路以及农村客运，形成涵盖设计、运营、管理以及高风险路段安全提升等领域的路网、路段两级交通安全防控技术体系，形成适合低等级公路使用的安全防控成套技术，有效遏制重特大交通事故多发态势，综合提升低等级公路的安全保障水平。

在科技部、公安部和交通运输部三部委的高度重视下，调动了在各相关方向有专长的科研单位、大学、企业及行业管理单位等30余家单位的400余位研究人员，共同参加《高速公路行车条件提升及装备研发》《低等级公路安全防控关键技术研发与集成示范》两个课题研究、示范工程建设及标准规范制修订工作，取得了丰富的研究成果，并通过“产、学、研、用”相结合的方式，保证研究成果达到了“实际、实用、实效”的要求。本丛书是对《高速公路行车条件提升关键技术及装备研发》《低等级公路安全防控关键技术研发与集成示范》课题部分成果的总结，是“国家道路交通安全科技行动计划”项目的重要成果之一。本丛书涉及公路风险评估、道路交通流理论与运行管理、道路交通安全设计、在用护栏评价与再利用、低等级公路交通安全综合处置以及农村客运安全发展等方面。

丛书将为公路行业的运营管理及交通安全改善工作提供指导，有助于进一步提升高速公路和低等级公路的交通安全保障能力，具有重要的指导意义和实用价值。

丛书在编写过程中，得到了交通运输部总工程师周伟，交通运输部公路局李华，交通运输部科教司庞松，交通运输部公路科学研究院王笑京、何勇、牛开民、傅宇方等领导的鼎力支持，得到了陈永耀、王彦卿、姜廷顺、杨新苗、邵春福、冯明怀、刘浩学、韩凤春和夏方庆等专家的热情指导，交通运输部公路科学研究院等30余家课题参加单位领导、同仁给予了大力配合，在此表示衷心感谢！书中参阅了大量的国内外文献，引述文献已尽量予以标注，但难免存在疏漏，在此对各文献作者一并致谢！

交通作为人民群众日常生活和国民经济运行的基本支撑，交通安全是一项长期和艰巨的工作，希望通过大家的共同努力，为我国交通安全事业的发展贡献微薄之力。

前　言

伴随经济的快速增长，机动车保有量迅速增加，交通事故数量也在不断攀升，这已经成为影响国民经济和社会生活的重大问题，因而引起了国际社会对道路交通安全问题的关注。

我国仅用了20年时间，完成了发达国家50年的公路建设目标，取得了举世瞩目的成就，公路交通已由制约国民经济发展的阶段向迅速发展的阶段转化。同时，道路交通事故已经成为近年来影响我国公众安全感的重要因素之一。一直以来，我国政府主管部门非常关注道路交通安全问题，并且深刻意识到，只有保证了安全才能谈到快捷、经济、舒适和低公害的问题，而保障交通系统的安全，就应使交通系统中的人、车、路和环境协调运转，使得交通伤害和损失降到最低。

作为和美国公路安全手册并列的安全管理技术，公路风险评估已经在世界范围内80多个国家得到了应用，并在近年来由国外引入我国。交通运输部公路科学研究院自2007年以来，深入研究该项技术，并根据我国公路的特点和经济发展特征，将技术本土化且加以创新，形成了适应我国国情的公路风险评估技术体系。该技术能够支持高风险路段排查、风险致因分析、安全对策制订等，有效辅助交通安全领域的科研和管理人员工作。

本书依托“十二五”国家科技支撑计划《国家道路交通安全科技行动计划》中课题一——“高速公路行车条件提升关键技术及装备研发”（课题编号：2014BAG01B01）中的主要研究成果，结合编著者的科研和项目实践经验，系统地阐述了公路风险评估技术，包括我国近年来的公路交通安全形势分析、公路风险评估模型、工作流程、应用领域介绍以及相关示范案例的详细说明，并对未来我国公路风险评估的发展和新型的安全完善理念进行了展望。

全书共分8章，第1章由万娇娜撰写，第2章、第3章由张铁军和万娇娜撰写，第4章由米晓艺和张岚撰写，第5章由米晓艺撰写，第6章由张铁军和尹心怡撰写，第7章由胡晗和万娇娜撰写，第8章由万娇娜和张铁军撰写。

本书中引用了交通运输部公路科学研究院和北京中交华安科技有限公司近

年来的研究成果、项目中间数据以及结论等，在此向相关研究人员表示衷心感谢。书中参阅的国内外文献，引述文献已尽量标注，但难免存在疏漏，在此对文献作者一并致谢！

因时间仓促，作者水平有限，书中难免有疏漏和不当之处，恳请广大读者批评指正。

编著者

2017 年 7 月

目　录

第1章 我国公路交通安全整体形势及基础设施重要作用

1.1 我国交通安全总体形势

1.1.1 交通事故损失情况

人类社会发展至今，交通在人们生活中占有的比例越来越大。每天有数以万计的车辆、人员在公路网上来往行走，道路交通的安全性尤为重要。世界卫生组织在《世界预防道路交通伤害报告(2004)》[1]中指出，全球每年大约有120万人死于道路交通事故，伤害的数量高达5000万人，相当于全球5个最大城市人口的总和，目前全球每年仍有130多万人死于道路交通事故伤害[2]。在道路交通事故死亡人数中大部分是青壮年，道路交通事故给人类社会和经济发展带来的伤害日趋严重，也给家庭带来了不可承受的负担[3,4]。2015年我国交通事故伤亡人员年龄统计见表1-1，15岁以下死亡人数约占总死亡人数的4.8%，受伤人数占比约为6.27%；16～50岁的死亡和受伤人数占比分别是51.87%和62.37%。从以上数据可以看出，在交通事故中，青年和中年人占到了大多数，对社会的发展造成很大负面影响。

2015年我国交通事故伤亡人员年龄统计 表1-1

年　龄(岁)	死亡人数		受伤人数	
	数量(人)	占总量(%)	数量(人)	占总量(%)
1～6	1499	2.58	4934	2.47
7～9	420	0.72	2143	1.07
10～12	271	0.47	1740	0.87
13～15	594	1.02	3724	1.86
16～20	2136	3.68	11975	5.99
21～25	3425	5.90	16803	8.41
26～30	4018	6.92	18772	9.39
31～35	4032	6.95	15917	7.96
36～40	4204	7.25	16350	8.18
41～45	5916	10.20	22121	11.07

续上表

年龄（岁）	死亡人数		受伤人数	
	数量(人)	占总量(%)	数量(人)	占总量(%)
46~50	6366	10.97	22734	11.37
51~55	5023	8.66	16753	8.38
56~60	5164	8.90	14931	7.47
61~65	4973	8.57	12350	6.18
65以上	9981	17.20	18633	9.32
合计	58022	100.00	199880	100.00

近十七年来的道路事故总量变化情况如图1-1所示，统计结果见表1-2[5]。在2002年以前，全国道路交通事故总数基本是逐年上升的，在2002之后，事故总数呈现下降趋势，死亡人数和受伤人数也是不断减少。2014年，我国道路死亡居世界第二位，死亡人数约为5.8万[2]。至2015年，交通事故造成的直接经济损失约为10.37亿元，万车死亡率下降为2.08，10万人口死亡率稳定在4.2。

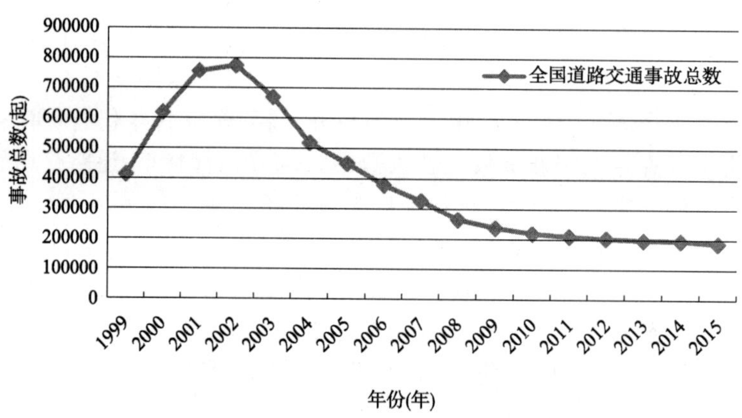

图1-1　1999~2015年全国道路交通事故总数变化曲线

1999~2015年我国道路交通事故统计表　　表1-2

年份	全国道路交通事故		死亡		受伤		直接经济损失		万车死亡率（%）	10万人口死亡率（%）
	总数（人）	同比（%）	人数（人）	同比（%）	人数（人）	同比（%）	数值（亿元）	同比（%）		
1999	412860	19.3	83529	7	286080	28.4	21.24	10.1	15.45	6.82
2000	616971	49.4	93853	12.4	418721	46.4	26.69	25.7	15.6	7.27
2001	754919	22.4	105930	12.9	546455	30.5	30.88	15.7	15.46	8.51
2002	773137	2.4	109381	3.26	562074	2.86	33.24	7.44	13.71	8.79
2003	667507	-13.7	104372	-4.6	494174	-12.1	33.69	1.4	10.81	8.08
2004	517889	-22.4	107077	2.6	480864	-14.45	23.91	-29	9.93	8.24
2005	450254	-13.1	98738	-7.79	469911	-2.28	18.84	-21.2	7.57	7.6

续上表

年份	全国道路交通事故		死亡		受伤		直接经济损失		万车死亡率（%）	10万人口死亡率（%）
	总数（人）	同比（%）	人数（人）	同比（%）	人数（人）	同比（%）	数值（亿元）	同比（%）		
2006	378781	-18.87	89455	-9.4	431139	-8.25	14.9	-20.91	6.16	6.84
2007	327209	-13.62	81649	-8.73	380442	-11.76	11.99	-19.53	5.11	6.21
2008	265204	-18.95	73484	-10	304919	-19.85	10.1	-15.76	4.33	5.56
2009	238351	-10.13	67759	-7.79	275125	-9.77	9.14	-9.5	3.63	5.1
2010	219521	-7.9	65225	-3.74	254075	-7.65	9.26	1.31	3.15	4.89
2011	210812	-3.97	62387	-7.93	237421	-6.55	10.79	16.52	2.78	4.65
2012	204196	-3.14	59997	-3.83	224327	-5.52	11.75	8.9	2.5	4.45
2013	198394	-2.84	58539	-2.43	213724	-4.73	10.39	-11.57	2.34	4.32
2014	196812	-0.8	58523	-0.03	211882	-0.86	10.75	3.46	2.22	4.28
2015	187781	-4.59	58022	-0.86	199880	-5.66	10.37	3.53	2.08	4.22

1.1.2　交通事故发展趋势

我国自1951年开始对交通事故数据进行统计记录，发展至今，呈现了先上升后下降的发展趋势，与我国总体经济和社会发展趋势大体一致，大概可以总结为以下4个阶段[2]：

（1）1951～1984年，事故总量较低，增量较小；

（2）1985～2004年，事故快速增长，增势迅猛，增量大；

（3）2005～2013年，事故稳步回落，逐年下降，死亡人数减少；死亡人数由2005年的98738人减少至2013年的58539人，降幅达到40%；

（4）2014年至今，道路安全状况趋于平稳，10万人死亡率、万车死亡率均有所下降。

2004年《中华人民共和国道路交通安全法》正式执行之后，道路交通事故从高发到遏制直至下降，目前趋于平稳。2004年成为交通事故发展中的重要拐点。

1.2　我国公路交通事故总体特点

根据我国道路交通事故统计年报（2015年），我国道路交通事故主要特点有以下几方面[5]。

（1）从地理分布方面看，中南片区事故同比上升，且较大以上事故明显反弹。根据2015年公安部发布的交通事故统计年报，我国中南片区死亡人数占全国交通事故死亡人数的23.4%，同比上升0.9个百分点。从发生重大以上事故的情况看，中南片区重大以上事故最多，发生4起。

（2）从肇事车辆组成方面看，营运客车肇事事故占比下降，但旅游客运车肇事事故明显上升。全国营运客车事故导致的死亡人数占交通事故死亡人数总数的4.2%，死亡人数同比下降9.5%，同比下降0.4个百分点。旅游客运车事故导致的死亡人数同比上升25.4%，其导致较大以上的事故19起，同比增加8起，上升了72.7%。

货运车辆肇事事故同比下降,危险化学品运输车肇事事故同比上升。货运车辆肇事导致的事故起数、死亡人数同比分别下降9.4%和4.0%。危险化学品运输车肇事导致的事故起数和死亡人数同比分别上升9.0%和9.8%。

自用车辆肇事事故占比上升,小型客车和摩托车肇事突出。2015年,自用车辆肇事导致的死亡人数占交通事故死亡人数总数的61%,同比上升了1.6个百分点。

另外,单车事故同比上升,车辆间事故导致死亡人数占总数60%,其中以侧面碰撞为最高,约占30%。单车事故导致的死亡人数同比上升3.9%。

(3)从公路等级角度看,高等级公路事故同比下降,三级及以下公路事故同比上升。高速公路和二级公路发生事故导致死亡人数同比分别下降了3.6%和2.0%,一级公路下降7.8%,三级及以下公路事故同比上升,其中三级公路和四级公路事故死亡人数同比分别上升1.3%和4.2%。高速公路较大以上事故同比上升,部分重点高速公路路段事故上升。从全国10条重点高速公路看,事故死亡人数均同比下降,但局部路段事故数上升。大多数的事故集中发生在少数路段上,如高速公路、农村公路事故高发趋势严重。

(4)从驾驶人因素看,酒后驾驶、违反交通信号、违法停车等违法行为导致的死亡人数同比上升。低驾龄驾驶人肇事持续下降,11~15年和20年以上驾龄的驾驶人肇事上升。

(5)从时间分布来看,5月和8月较大以上事故多发,1:00~5:00和6:00~8:00,事故同比上升。从时间跨度来讲,第四季度事故多发,10月和11月事故死亡人数占比较高。

此外,从重特大交通事故角度看,三级及以下公路、高速公路事故多发,急弯陡坡路段事故同比增加。

1.3 公路交通事故主要特征和成因

1.3.1 公路交通事故主要特征

公路交通事故,往往具有以下特征[3,6]。

(1)随机性。交通事故是多种因素综合作用后发生的,其中部分因素本身即带有随机性,如天气因素。多个因素在一起互相引发则具有更大的随机性。

(2)频发性。随着经济的发展,车辆保有量不断增加,公路总里程也逐年增加,车辆和公路间的失调,加上管理方式缺陷、管理不善等各种原因,导致事故频发。

(3)社会性。公路交通事故是伴随交通事业和汽车工业的发展而产生的客观现象。人类是参与交通事件的主体,只要有人、存在交通行为,就有可能发生交通事故。

(4)突发性。交通事故存在偶然性,往往是驾驶人来不及采取有效地措施避免事故的发生。

(5)不可逆性。事故是一种不可逆的存在。由于人、车、路、环境等交通系统各方面因素共同作用导致交通事故发生,无法通过构建某些条件消除事故影响和避免损失。

1.3.2 事故成因分析

王长军研究员在第十届中国道路交通安全论坛上的《"十三五"道路交通安全改善思

路》[5]中指出，影响和制约道路交通安全的关键因素中，人的因素占到95%以上；车的因素中，大客车、大货车、危险化学品车和校车等重点车辆，在生产、改装、运营及监管方面仍存在着一系列问题。

近年来，国内外对道路交通事故成因的分析主要集中在人、道路环境和车辆三大方面，各类因素的占比有所不同，如图1-2和图1-3（来源于交通运输部公路科学研究院项目成果）所示。从图中可以看到，国内外的研究结果均认为人的因素占比最大，都在90%以上，其次是道路环境和车辆因素。

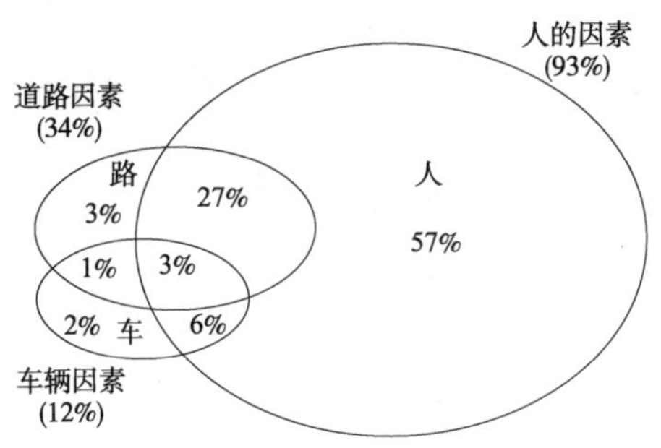

图1-2　美国对道路交通事故因素分布的统计分析结果

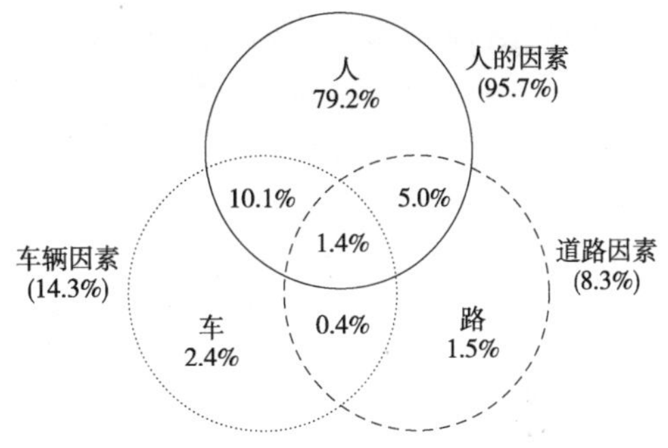

图1-3　国内部分机构对事故因素占比的分析结果

交通系统是人、车、路和环境的综合系统。根据近年来的事故数据[6,8-11]，道路交通事故的致因也由多个方面构成，例如公路标志给驾驶人的提示不足，车辆性能不完善，驾驶人或行人等自身的不合规行为等，都会导致事故的发生。

1.3.2.1　人的因素

人是交通事故的核心因素，这里人包括机动车驾驶人、非机动车驾驶人、乘客、行人等。有数据显示，交通事故中高达90%以上是由于人的各种过错或失误导致的[12]，如行人闯红灯、车辆违法变道、非机动车驶入机动车道以及行人横穿高速公路等，如图1-4所示（图片来源于网络）。

a)行人闯红灯

b)行人走机动车道

图1-4　违反交通规则示例

根据2015年度全国道路交通事故统计数据，2015年因机动车驾驶人违法行为导致交通事故163421起，造成死亡52075人，受伤174235人，直接财产损失超过9.19亿元；因机动车非违法导致交通事故8104起，造成死亡2405人，受伤8835人，直接经济损失约为0.7亿元。可见，人的安全意识、遵章守法程度以及驾驶行为的规范等，能够直接影响交通事故的发生。

1.3.2.2 车的因素

《中华人民共和国道路交通安全法》对道路交通事故的定义是：车辆在道路上因过错或者意外造成的人身伤亡或者财产损失的事件。美国国家安全委员会对交通事故的定义是：在道路上所发生的意料不到的有害的或危险事件。日本对交通事故的定义为：由于车辆在交通中所引起的人的死伤或物的损坏[13]。由此可见，车辆是交通事故的主体，有事故的发生，必然会有车辆的参与，车辆与交通安全有着密切的关系[14]。

车辆是复杂的系统，其转向系统、制动系统、行驶系统、电气系统以及智能辅助驾驶系统等都是影响交通安全的因素。

根据2015年度全国道路交通事故统计数据，2015年度驾驶不同机动车肇事死亡人数比例见表1-3，其中客车、货车和摩托车排在前三位。

驾驶不同机动车肇事导致死亡人数比例示意 表1-3

序 号	车辆类型	导致死亡人数比例(%)
1	客车	41.31
2	货车	28.42
3	摩托车	17.85
4	汽车列车	1.55
5	三轮汽车	0.94
6	低速货车	0.75
7	拖拉机	1.65
8	其他机动车	0.99
9	其他汽车	0.09

1.3.2.3 路的因素

车辆必然在道路上行驶，道路条件的好坏，是否从安全角度进行设计，是否达到标准要求，都直接关系到交通的正常进行[15]。国内外研究表明，虽然人是导致交通事故的最主要因素，但交通安全水平和道路条件存在着密切关系。据统计[16]，由道路条件直接或间接引发的交通事故约占20%，主要表现为道路几何要素或线形组合不合理，交叉口缺少渠化或交通控制设施不足，路面存在病害或抗滑性不足，交通安全设施缺乏或不足等。

图1-5 穿村路段与视距不良的急弯路段组合示例

这里给出几类道路因素对安全不利影响的示例说明。

（1）不良线形。如图1-5所示，公路穿越集镇、村庄路段中存在急弯，受房屋或其他障碍物遮挡，视距不良，车辆不易发现对向车辆或行人，车速过快，易发两车相撞或碰撞行人的事故。

（2）速度控制不足及标志不完善。如图1-6所示，公路穿越集镇、村庄路段中存在陡坡路段，上坡坡顶处视距不良,占道超车或行驶时,易发对撞事故。下坡方向车速较快,易发追尾和碰撞行人的事故。

(3)不良线形及速度控制不足。如图1-7所示,急弯、下坡、视距不良路段,弯道内山体、植被等遮挡视线,下坡方向车辆行驶速度较快,内侧车道车辆易跨线占用对向车道,发生对撞事故。

图1-6　穿村镇路段与陡坡路段组合示例

图1-7　急弯、下坡、视距不良组合路段示例

1.4　公路基础设施完善的重要作用

道路交通系统是人、车、路、环境和管理等多个要素相互作用的动态系统,如图1-8所示,各要素间关系达到平衡稳定即表现为交通安全。道路安全系统中的每一个环节都非常重要。只有各个环节都进行完善,整个系统的交通安全目标才能得到最终实现。道路安全也是一个人机系统,其中人与车辆、道路条件、管理都是相互配合、相互制约的,但是,其中人总是最活跃并起着主导作用,这也是在国内外的交通事故分析中,人总是最主要因素的原因。

同时,道路和车辆的设计要以人为中心,不仅要尽量满足绝大多数人正常使用条件下的安全需求,还需考虑人的可承受能力并提供一定的容错空间,从而实现系统的本质安全。

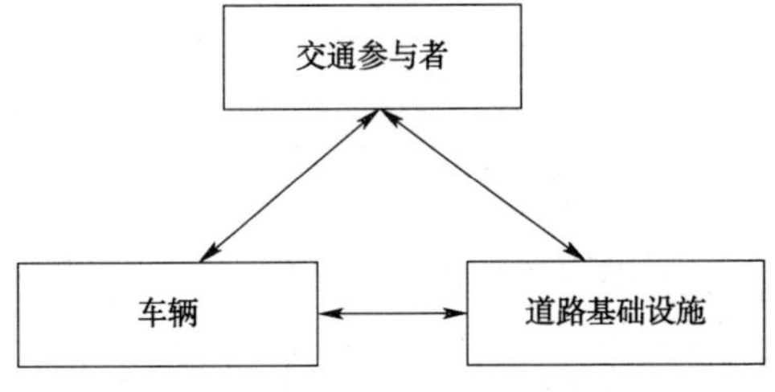

图1-8　道路交通系统各要素间相互关系示意图

传统的道路安全观念认为,事故应该由道路使用者个人承担主要责任,但事实上,相当数量的事故致因是人员控制能力以外的其他因素。国外某保险机构曾做过研究,在1064起交通事故中,之前认定为驾驶人责任的事故有34%是由不科学的道路线形导致的[16]。据国外公路交通事故起因调查结果,87%的交通事故是人为造成的,8%与公路相关,5%与车辆相关。若把公路设计得更加科学合理,将交通参与者、道路基础设施以及车辆间的关系更为协调化,就可以将事故隐患降低大约40%[17]。世界卫生组织(WHO)指出,可以通过改变环境有效地减少人类过失,而不是完全侧重于改变人的行为[18]。

道路基础设施是道路安全系统中重要组成部分,事实上,西欧和北欧的道路安全决策者越来越清楚地认识到，道路基础设施对交通安全影响巨大，需要通过改进其设计来避免其导致的重大损失[19-27]。两个具有里程碑意义的欧洲研究——向日葵（瑞典、英国和荷兰）和向日葵 + 6（原三个国家，加上捷克共和国、匈牙利、斯洛文尼亚、希腊，葡萄牙和西班牙），评估了许多道路条件，并提供了有益的见解。

瑞典道路交通责任调查委员会指出[20]，为了建设一个安全的道路交通体系，我们必须改变对于责任的认识，设计者必须承担明确的责任，以人类的实际能力为基础设计道路体系，从而预防可以预料和避免的伤亡发生。

道路交通安全设施的有效使用，一直被国际社会普遍认为是低成本改造道路安全状况、预防和减少道路交通事故的最有效的手段。美国就交通安全改造措施的收益成本比率有以下结论[28]，见表1-4。

美国道路交通安全改造措施中最佳收益成本比率 表1-4

排　行	改善项目	收益/成本比率（%）
1	照明	22.8
2	升级路中心护栏	22.6
3	交通标志	22.4
4	重新安置/分离设施支柱	17.7
5	移除障碍物	10.7
6	新设交通信号	8.5
7	碰撞衰减器	8.0
8	新增路中护栏	7.6
9	升级护轨	7.5
10	升级交通信号	7.4
11	升级桥型钢轨	6.9
12	改进视线距离	6.1
13	建立交通分线隔离带	6.1
14	制动用人行道凹槽	5.8
15	改善子结构	5.3
16	建立回车道和管道化	4.5
17	新建铁道路口阻断栏杆	3.4
18	新建铁道路口闪烁灯	3.1
19	人行道标志和施画	3.1
20	新建铁道路口信号灯和阻断栏杆	2.9

我国自2004年以来，十多年的生命安全保障工程表明：虽然人是导致交通事故的主因，但是通过道路基础设施的完善，在预防和减少道路交通事故上可以取得显著效果，即从道路基础设施的角度，通过科学决策提高安全管理的效率和效益，以提高道路安全服务的能力。

"十五"以来，交通运输部在全国普通国省干线公路上实施了以"消除隐患、珍视生命"为主题的公路安全保障工程（以下简称"公路安保工程"），对保障行车安全、提高公路服务水平、保护人民群众生命财产安全发挥了重要作用。目前，受点多、线长、面广等客观因素影响，以及受资金、环境、理念等众多因素的制约，公路交通在数量快速增长和规模急速扩大的同时，质量和功能、服务和管理等方面还不能完全适应经济社会发展的要求，特别是部分早期建成的农村公路，临水临崖、坡陡弯急，缺乏必要的安全设施，存在较高安全风险。

为适应工业化、城镇化和农业现代化快速发展要求，全面提升公路安全水平，切实维护人民群众生命财产安全，2014 年 11 月，国务院办公厅发布《国务院办公厅关于实施公路安全生命防护工程的意见》（国办发〔2014〕55 号，以下简称《意见》），决定在全国实施公路安全生命防护工程。《意见》要求通过全面排查治理现有公路安全隐患、严格规范公路工程安全设施建设、大力推进公路安全综合治理三项措施，全面提升公路安全水平。

2015 年 2 月，交通运输部发布《现有公路实施安全生命防护工程方案》（以下简称《方案》），指导各省（自治区、直辖市）对现有公路的高风险路段进行集中排查和整改，包括急弯、陡坡、临水临崖等路段，进行有针对性的安全防护措施，以提高行车安全性，如连续弯道末端，因视距不良经常发生对撞事故，如图 1-9 所示[29]。

a)处置前

b)处置后

图 1-9 连续急弯路段处置前后对比示意图

通过将路侧沟坎修整为宽浅边沟，尽量提供路侧容错空间；连续设置中心实线；设置禁止超车标志及相应的解除禁止超车标志；在山石上设置线形诱导标；设置减速振动标线，视具体情况也可以设置其他物理减速设施，如减速丘、减速路面等。通过以上措施，提升道路的安全性，降低事故发生的概率。

自 2015 年以来，我国已经实施了公路安全生命防护工程的省（自治区、直辖市）超过 15 个，包括北京市、重庆市、吉林省、甘肃省、山西省、山东省、河南省、浙江省、福建省、广东省、贵州省、新疆维吾尔自治区、湖北省、湖南省、江西省，排查路段超过 15 万 km，目前已有超过 30% 的高风险路段完成升级改造，有效提升了公路安全水平，降低了事故发生概率。

第2章　公路安全完善方法

2.1　各国交通安全完善

交通安全管理是国家行政管理部门和相关组织依靠人民群众，在科学理论指导下，依据有关规定对人、车、路、环境和信息等基本要素进行服务、协调、规划、组织、评估和控制等一系列活动的总称[30]。

2.1.1　发达国家情况

发达国家对道路交通安全问题的认识和管理经历了一个逐步发展的过程。美国、加拿大、英国、德国、日本等发达国家从20世纪五六十年代起，各自经历了经济高速发展、交通安全状况严重恶化的时期，然后在20世纪70年代通过政府的有效干预，以及采取综合性的应对措施，使道路交通事故率和死亡率逐步下降。

美国具有世界上最高的汽车保有量，并且机动车的使用也很频繁，这给道路交通安全带来很大压力。在20世纪60年代中期之前，美国的道路交通安全在全世界一直是处于最佳状态，这得益于其在1930年就成立了世界上第一个交通研究机构，即美国交通工程师协会(Institute of Transportation Engineers，ITE)，随着其他发达国家对交通安全领域的重视，美国2002年在世界上的排名下滑至第10位。之后，美国开始大幅增加对道路交通安全领域的投入，通过国家公路交通安全局(National Highway Traffic Safety Administration，NHTSA)、联邦公路管理局(Federal Highway Administration，FHWA)和交通运输研究委员会(Transportation Research Board，TRB)等专门的政府机构或行业协会实施项目的立项及管理。为有效降低道路交通事故死亡率，彻底改善道路交通安全状况，美国制订、实施了一系列的道路交通安全相关规划，如国家安全委员会(National Safety Council，NSC)实施国家安全记录项目，TRB在国家联合公路研究计划(National Cooperative Highway Research Program，NCHRP)中实施的路侧安全改善战略规划以及紧急医疗服务战略计划等。针对乡村公路严峻的交通安全问题，考虑到低等级公路投入资金不足的问题，从效益和费用的角度研究各项交通安全设施对提高其交通安全的效果，美国交通安全服务组织(ATSSA)和国家地方工程师组织(NACE)合作出台了《低成本地方公路交通安全措施》[30]，有效地改善了美国低等级公路安全水平，并为城市道路的安全管理提供参考依据。此外，美国国家公路与运输协会(American Association of State Highway and Transportation Officials，AASHTO)下属的各委员会制订了综合性战略道路安全计划。目前,美国主要通过工程、教育、执法和急救四个方面来改善道路安全。除此之外,还实施了智能交通系统(Intelligent Transportation System,ITS)计划,积极改善交通安全。由于美国政府的高度重视及各大高校、科研机构的项目提供技术支持,近年来美国的交通安全形势在不断改善。尽管机动车的保有量一直在增长,但死亡事故数一直处于稳定且有下降趋势。

日本国土面积狭小,人口密度大,汽车保有量相对较高。为有效改善交通安全,日本制定了严格的法律法规。第二次世界大战后,日本随着经济的复苏和交通运输的迅速发展,道路交通安全状况也逐渐恶化,交通事故致死人数在不断上升。日本在 1960 年颁布了第一部《道路交通法》,每四年修改一次,不断完善。除此法律之外,日本还有《交通安全对策基本法》等[31]。在法规基础上,日本还制订了一系列的交通安全计划,综合性地强力推行交通安全措施,并制订了降低行人死亡人数的目标。不仅仅局限于法律法规的完善,日本对交通安全教育极其重视,既注重社会化的交通安全培训教育,同时保证了良好的中小学生安全教育,又保障了企业的交通安全宣传力度,如日产汽车的安全性能技术在全球都处于前沿水平。为实现交通事故零死亡的目标,日本从 20 世纪 70 年代就建立了由警察厅、国土交通省、消防厅等多个部门组成的交通安全委员会,由首相亲自担任主席。实践证明这一综合协调机制在预防事故方面发挥了重要作用。为推进智能交通系统(ITS)的应用,日本成立了由国土交通省、警察厅、经济产业省、总务省组成的 ITS 战略本部,分工负责城市道路、公路智能交通信息技术的研究推广,实现了各部门交通信息高度集成共享。为做好高速公路交通事故救援工作,日本建立了高速公路事故应急救援机制,各部门分工明确、各司其职,事故处理工作有条不紊。

2.1.2 我国情况

1986 年,我国国务院颁发了《关于改革道路交通管理体制的通知》,结束了城市交通和公路交通由公安机关和交通部门分头管理的局面,明确了各管理部门的职责。2004 年,我国交通管理的第一部法律《中华人民共和国道路交通安全法》(简称《道路交通安全法》)正式实施。自此,道路交通安全的管理提升到法律高度,全国的交通事故率开始有效得到控制,并呈现下降趋势。

我国现行的交通安全管理体制规定了公安部交通管理局代表国家统一管理交通安全工作,即为社会性的交通安全管理。作为交通运输主管部门,交通运输部对全国交通运输行业的交通安全工作负有指导、教育、宣传、管理、监督和服务等责任。交通安全管理工作主要有以下三个方面:社会性交通安全管理、行业交通安全以及运输企业交通安全管理。

近年来,作为交通安全的主管部门交通运输部和公安部,制定了一系列的政策、法规、标准,以约束驾驶人、营运个体、车辆生产等各个交通参与方的行为,提升交通安全。同时,通过国家、省部以及地方的各级科技课题,对交通安全领域进行新技术、新装备、新方法的探讨研究。

“十五”以来,交通运输部重点在全国普通国省干线公路上实施了以“消除隐患、珍视生命”为主题的公路安全保障工程,对保障行车安全,提高公路服务水平,保护人民群众生命财产安全发挥了重要作用。2015 年 11 月,交通运输部办公厅发布《现有公路安全生命防护工程示范省建设实施方案》,选定示范省份,科学确定处置措施,总结实施经验,稳步推进了全国公路安全水平。

2.2 主动性安全完善方法

在交通系统中,公路基础设施条件是十分重要的一个环节,通常的公路安全管理,主要是公路管理部门针对公路基础设施安全完善进行的基础数据收集、重点路段确定、对策分析、资金分配、计划实施和效果评估等工作。

当前,世界多个发达国家提出的"零伤亡愿景"以及安全系统方法的实施,使得道路安全的视角发生转变,从过去将"人"作为重点对象管理,上升为对道路硬件、软件环境的整体提升。由单一地将过错归于道路使用者,转变为采用各方面的综合措施,从多角度改善公路环境及服务质量。通过美国、丹麦以及荷兰等国家的实际经验,体现了道路作为环境基础对提升交通安全有着举足轻重的作用。国外的部分研究指出,直接或间接道路因素约占交通事故成因的30%左右[32]。好的道路系统,应该在一定范围上容许用路者犯错,即使使用者偶然犯了错,道路本身良好、保护性的设计能使事故不易发生,或降低事故的严重程度,减少伤害后果。这就对道路的安全设计提出更高的要求,需要我们对道路的基础设施从安全角度进行更多的完善。

传统的交通安全完善,主要是以交通事故分析为基础的事后分析,属于被动性的完善。一方面,很多安全管理部门在进行安全完善的时候,缺少有效的交通事故数据,这种情况在我国等发展中国家尤其明显。同时,对于类似于点多、面广、交通量相对较小的低等级农村公路,本身交通事故数据的量就比较小,分布也十分分散,也难于应用基于事故数据的分析来进行安全完善的指导。而且,即使对于拥有好的交通事故记录信息,能够发现高事故路段的,也会发现每年高事故风险路段和形态都在变化。

现代的交通安全完善的方法,很多是主动性的,如较少依赖于交通事故数据的数据驱动型方法有很多种叫法,包括基于模型的、基于现场调查的和系统方法等。总体上,这些方法里面较好的就是基于风险的,该方法的一个基本原则是,已知一个给定的路段或者交叉口是高事故频率的,那么其他具备类似道路和交通条件的路段或者交叉口,也可能会有类似的事故表现。事故预测模型等方法也与此类似,在美国的公路安全手册等有相应的预测模型和方法[33,34],我国也开展了很多相关的研究,尽管受到很多交通事故数据等基础资料的限制。在公路安全管理方面,还可以更好地考虑主动型的针对潜在事故高发的路段的方法来指导安全完善资金的分配[35,36]。

PIARC的第二版安全手册,对主动性和被动性方法都进行了系统性的总结。主动性的安全完善方法包括道路安全影响性评价、道路安全调查、安全评价和风险评估等,每种方法的应用范围和道路的生命周期中的应用阶段有所差别,也各有优缺点。

主动性的安全完善方法,不是简单的规范符合性的核查,而要考虑一些满足了规范的设计存在多个最小标准规定指标的组合等并不安全的情况。主动性安全完善方法在事故预防上的应用,包括在设计阶段即通过图纸的核查等保证设计方案的安全性,以及对于既有道路,除了确定事故多发点段,还要更好地发现潜在事故风险高的路段等。

2.2.1　道路安全影响性评价

道路交通安全影响性评价主要用于新建或改扩建道路的规划阶段，对比多种规划方案的安全效果，从而保证选择最安全的方案。

道路交通安全影响性评价一般基于事故预测模型等进行分析[37,38]，主要过程包括：在基于交通量、事故形态等调查的基础上，确定基础年份的安全状况；确定没有任何措施实施情况下未来目标年份的安全情况；确定每种措施方案实施情况下未来目标年份的安全状况；对比每种方案的效益成本比；优化方案等。通过道路安全影响评价，可以确定方案的问题和目标，确定不同规划方案对既有路网的安全影响以及效益和成本情况等，从而为决策提供依据。

目前，在我国，道路安全影响评价还处于概念层面，远未达到类似于环境影响评价或者交通影响评价的水平。越早的安全考虑，越低的成本和越高的效益，推动道路安全影响评价的开展，也是正在努力的工作。

2.2.2　道路安全调查

PIARC 把道路安全调查定义为针对既有道路系统的，以可能导致严重事故的危险条件及缺陷排查为目标的现场工作，也是由独立的具备排查能力的个人或者团队实施。道路安全调查主要是针对既有道路，结合养护巡查等程序开展的潜在事故风险检查工作[39,40]。

一般情况下，道路安全调查可以和既有路的安全评价工作综合开展，包括黑点治理、确定关键治理对策、核查道路因素的一致性和完好性以及核查交通管理设施的完善性等。具体涉及道路属性包括功能、横断面、线形、交叉口、弱势道路用户需求、标志和标线、路侧因素等。

道路安全调查实施步骤包括室内研究、现场研究、对策实施等工作。区别于安全评价，道路安全调查可以不需要事故数据，但可以依据管理部门的安全经验确定优先调查的道路。

2.2.3　安全评价

各国对安全评价的定义大体类似。如英国等国家，把安全评价定义为针对于道路设计和建设方案的正式和独立的技术核查，来确定和改善从规划到运营各个阶段所有不安全的或者潜在的危险。在澳大利亚的安全评价指南里，把安全评价定义为独立的、有经验的团队针对拟建路、既有路的潜在事故风险和安全表现进行的正式核查工作，目的包括确定新建或既有项目上对于不同道路用户可能存在的安全问题，并确保采取了必要的措施来消除或者降低这些安全问题。实施安全评价可以降低事故的概率和严重程度，降低完善成本，同时提高项目参与者对于安全问题的重视[41]。

安全评价概念于20世纪80年代起源于英国。1987年，英国通过立法要求道路管理单位实施降低事故可能性的措施。其中独立的安全评价用于减少设计错误，同时把积累的安全经验能够反馈到设计当中。1990年，英国发布了安全评价的指南。1991年4月，英国立法在所有国道和干路上以及高速公路上开展安全评价，来确保到2000年，交通事故减少三分之一[42,43]。

澳大利亚开展安全评价的起始时间与英国相近，于1991年前后发布了《安全评价手册》。新西兰是1989年前后开始的安全评价工作。美国开展安全评价的时间较晚，于1998年至1999年，在14个州开展了示范性的工作[44]。马来西亚、瑞士、南非和新加坡等国家，也大体是在20世纪90年代末开展的安全评价工作[45]。

为了提高公路的安全水平，我国也开展了大量的安全评价工作，2004年发布了重点针对高速公路和一级公路的公路项目安全性评价指南[46]，2015年发布了公路项目安全性评价规范[47]，相对于国外的更多依据评价人经验和清单的安全评价，我国的安全评价涵盖的范围更为宽泛。

安全评价不应仅仅是规范的核查，而是要针对实际运营时所有可能的危险因素。安全评价可用于道路生命周期的各个阶段。可行性研究阶段：主要注意路线选择、规划以及各个方案的相对安全表现，确定不同道路用户的特殊安全需求；初步设计阶段：关注例如交叉口方案以及设计标准的选择等；施工图设计阶段：针对详细设计因素，从全用户角度分析包括几何线形、标志、标线等因素；预开通阶段：分析确定所有可能风险；运行阶段：主要针对现有路的危险和不足，老规范不满足现有规范情况以及重复发生的安全问题和一般安全问题等。

2.2.4 美国 SafetyAnalyst[48]介绍

美国的SafetyAnalyst（安全分析师）是国家和地方公路机构用于公路安全管理的一套软件工具，它通过在决策过程中实施先进的分析程序，来确定和管理系统的具体改进方案，并且通过成本效益的手段提高安全收益。这个软件通过自动程序来协助公路机构实现公路安全管理过程的6个主要步骤，包括路网筛查、诊断、对策选择、经济评估、优先排序和对策评估。

公路安全管理是大数据量、统计复杂和计算严格的过程，几乎不可能手动执行，SafetyAnalyst 提供了一个全面的框架，使这个过程自动化，并支持管理单位进行有效的投资决策。SafetyAnalyst 还可以根据严格的数据分析来创建安全评估报告，以确保安全资金得到合理的使用。SafetyAnalyst 针对公路特定点段的安全改进，涉及对公路系统的硬件完善，但是不能直接应用于为了改善非公路本身的安全性，例如车辆设计改进、驾照许可、乘员约束或酒精/毒品使用计划等公路安全计划，但是这个软件可以识别由于这些原因引起事故的地点。SafetyAnalyst 既可以按顺序实施公路安全管理过程的6个步骤，也可以以模块化方式独立或分开执行路网筛查、诊断、对策选择等操作，无需执行所有步骤。

SafetyAnalyst 包括路网筛查、诊断、对策选择、经济评估、优先排序、对策评估6个工具。其中，路网筛查工具通过识别重点点段算法，去识别有提高安全性潜力的地点（比如比期望的事故频率更高的点段）和对于事故严重度较高或者特殊事故类型的事故频率比期望的更高的点段。诊断工具能够识别特殊地点安全问题，也能够产生一系列数据分析结果，包括事故情况总结性的统计、事故类型识别（包括是不是比期望的频率要高的事故类型），并且对特殊地点的道路条件进行统计分析，综合工程和人为因素去分析需要关注的安全问题。对策选择工具能够帮助选择降低事故频率和事故严重程度的完善措施，该工具包含了特定地点的对策分析，主要针对地点类型、事故类型等采用单一或者组合的对策措施，从而用于经济评估和优先排序工具评估。经济评估工具能够评估一个地点的特定对策或者不同的对策方案,在这个工具里实施包括成本效益,效益—成本比率和净效益等一系列的经济评估,其中安全效益通过实际和预测的事故频率、事故严重度、事故类型和预期特定对策实施后减少的事故来计算。优先排序工具能够根据成本效益分析对点段和安全提高程度进行排序,具体可通过比较成本效益、效益—成本比率、净效益、安全效益、工程成本、总事故减少量、严重伤害事故减少量以及致命和所有伤害事故减少量等。

相对于传统手工的公路安全管理程序,SafetyAnalyst 通过使用专家系统方法进行传统手动程序的自动化,从而为公路机构提供全面而彻底的诊断和对策选择方法。SafetyAnalyst 提出的办公室和实地调查程序以及候选对策清单的建议将有助于用户考虑各种可能有效的实施对策。除了用于改进方案的对策选择和经济评估,SafetyAnalyst 还可以用于实施改进后的后评估工作,从而帮助管理单位从全过程对项目进行有效的安全管理。

2.3　公路风险评估的提出和发展

2.3.1　风险评估的概念及应用[49]

2.3.1.1　风险评估概念

随着我国公路建设规模的增长,公路交通安全问题也日益突出,系统地提升公路安全水平对降低道路交通死伤人数、减少经济损失、保障客货运输健康稳定发展意义重大。交通运输系统是一个涉及人、车、路、管理等多因素相互影响的动态、开放系统,具有复杂性、多变性和藕联性。因此,安全提升应根据不同阶段选用不同的方法。传统的安全改善特点是事后整改,成本高、代价大,而且时常处于被动接受状态,不能实现事故的超前控制;而先进的安全管理理念是隐患风险管控,强调风险的客观性和安全的相对性,即安全是“免除了不可接受的损害风险的状态”,换言之,安全是可以接受的风险。风险管理的管理对象是各种事故隐患,特点是将管理前移,超前预防。

在安全系统工程里,风险评估是对系统所处的发生事故和面临灾害的危险状态进行估计和评定[50],也就是说,风险评估是指在对过去损失资料进行分析的基础上,进行系统辨识和安全分析,对系统的安全性或危险性,按一定的标准、规范、安全指标予以衡量,对危险的程度进行分级,以便据此结合现有的条件和水平,提出控制系统危险性的安全措施。从广义的角度看,风险评估就是对各种危险的风险程度进行评估,找出高风险区和关键风险因素,推算出总体的风险水平,提出安全措施将这些风险控制在可接受的范围内。

关于风险评估,还有很多其他的理解。如 Lave 认为,风险评估的目的是生成与特定风险诱因有关的信息,这些诱因具有不确定性,但有可能产生影响。风险评估的最终结果是对风险的判断,它以模型影响的概率分布表现出来,风险评估的不同阶段随着风险来源的不同而改变[51]。Kolluru 与 Brooks 的观点是,风险评估是用来说明什么处在危急中,计算想要的结果和不想要的结果的可能性,将两种组成成分合并到一维中[52]。刘新立认为,风险评估是指在过去损失资料进行分析的基础上,运用概率论和数理统计的方法,对某一(或几个)特定风险事故发生的概率(或频数)和风险事故发生后可能造成损失的严重程度做定量分析[53]。

在应用规范中，风险是指不确定性对目标的影响。其中影响是偏离预期，通常指负面的，针对风险，也有很多不同的注释[54]。对风险评估的定义，是将风险辨识的结果按照风险评估标准进行评估，以确定风险和(或)其量的大小、级别，以及是否可接受或可容许[55]。

基于安全工程理论，结合公路路网的实际特点和应用需求，把公路风险评估定义为：以公路基础信息、交通运行信息为基础，针对公路各组成部分进行的交通安全风险评级以及完善对策选择和效果评估工作，主要内容包括交通安全基础信息采集及处理、评估单元划分、风险评估、对策评价和选择以及效果后评估等。

2.3.1.2 风险评估的种类

目前，对风险评估尚无标准的分类方法。比较常见的的风险评估种类有以下几种[56]。

(1)按风险因子分类：风险因子的性质可以是自然因素(包括物理因素、化学因素、生物因素等)，也可以是社会因素(包括政治因素、经济因素等)。

(2)按风险危及对象分类：可危及的对象有人、生态系统及社会行为。危及人的一般为健康风险评估，健康风险评估又可依据健康损害的种类分为致癌风险评估、生殖毒风险评估、致畸风险评估等；危及生态系统的一般为环境风险评估；危及社会行为的一般为工程风险评估、投资风险评估、保险风险评估等。

(3)按风险评估结果性质分类：定量风险评估、半定量风险评估及定性风险评估。

2.3.1.3 风险评估的方法

正确的风险评估方法是风险管理成功的必要条件。风险评估要达到识别风险、量化风险和制订有效的规避措施的目标，必须选择行之有效的方法。风险评估的方法在处理人类行为或自然事件所带来的潜在损害中，已经成为了成熟的、强有力的工具。风险评估技术方法选择主要有如下准则：一是必须以最少的时间、资金和人力支出获得最大效用为目标；二是以整个风险分析为目标的应用或决策过程；三是风险分析技术的实际输出，技术输出的精确程度、详细层次等应当完全与风险决策所需的信息相匹配。为更好地掌握项目风险评估技术，同时指导在实践中对评价方法的选择，本研究主要讨论风险评估方法的选用。表2-1是常用的风险评估方法比较，主要从应用范围、应用方式、优劣比较几个方面对常用的风险评估方法进行了介绍[57]。

风险评估方法比较

表2-1

序号	方法名称	应用范围		应用方式		优劣比较
		风险识别	风险评价	定性分析	定量分析	
1	故障树	▲		△		该方法简便易行，常用于直接经验很少的风险识别
2	头脑风暴	▲		△		该方法适合于所探讨的问题比较单纯、目标比较明确的情况，如问题牵涉面太广，包含的因素太多，首先要进行分析和分解
3	专家调查	▲	△	△		该方法能集中大多数专家的意见，但偏于保守，可能妨碍新思想的产生
4	情景分析	▲		△		该方法适用于提醒决策者注意某种措施政策可能引起的风险或危机性的后果；研究某些关键性因素对未来过程的影响；提醒注意某种技术的发展会带来哪些风险

续上表

序号	方法名称	应用范围		应用方式		优劣比较
		风险识别	风险评价	定性分析	定量分析	
5	核对表	▲		▲		该方法优点在于使工作变的较为简单,容易掌握;但对单个风险来源描述不足,没有揭示风险来源之间的相互依赖关系
6	面谈	△		△		该方法通过风险管理人员和项目相关人员直接交流面谈,有助于识别那些在常规计划中容易被忽视的风险因素
7	风险矩阵	△	▲	△	▲	该方法可进行定性和定量分析
8	敏感性分析		▲			该方法主要用于确定型风险因素,常用于决策阶段
9	态势分析(SWOT)	▲	△	△		该方法可随环境变化做动态系统分析,减少决策风险,可操作性强
10	蒙特卡罗		△		▲	该方法可大大简化复杂问题的计算,显著提高计算效率,但是费用比较大,一般在进行较精细的系统分析时才使用
11	影响图		△		▲	该方法可以和其他很多技术结合使用,方法直观
12	层次分析	△	▲	△	▲	该方法适用于多目标决策的系统,可以应用于很多领域,能给决策者提供直观量化的支持
13	贝叶斯		▲	△	△	该方法一般比较适用于历史数据缺乏或不足的情况,通过一定的数学手段,使决策所依据的信息更接近于实际,减少了决策风险,但是风险始终没有消除
14	模糊综合评价		▲	△	△	该方法是综合评价模糊性事务或对象的通用方法,它可使带有主观评判的结果更符合客观实际,方法简便易行
15	外推法	△	△	△		该方法适用于没有历史资料,也可以通过历史经验和数据或者类似项目的数据进行推断

注:在表的应用范围和应用方式中,△表示辅助应用;▲表示主要应用;没有填的表示在这个方面没有应用或应用很少。

2.3.1.4　风险评估应用

(1)国外情况。

安全风险分析与评价最初起源于20世纪30年代的美国保险业。第二次世界大战后,随着工业过程日趋大型化和复杂化,尤其是化学工业的发展,生产中的火灾、爆炸和毒气泄漏等重大事故不断发生,事故预防和安全风险分析日益受到重视。全面的安全风险分析系统研究始于20世纪60年代。1964年,美国道化学公司首先开创了化工生产危险度安全评价方法。该公司提出火灾爆炸指数法后,世界各地都竞相研究,进一步推动了这项技术的发展,并在此基础上又提出了一些不同的风险分析与评价方法,如英国帝国化学公司在吸收了道化学公司评价方法的优点后,于1976年提出了蒙德评价法;同时,日本劳动省也提出了"六阶段评价法"。俄罗斯提出了化工过程危险评价法等。这些方法均为指数法,至今仍在发展之中。

20 世纪 60 年代后期，随着航空、航天、核工业等技术领域的发展，以概率风险评估为代表的系统安全分析评价技术得到了迅速的发展，英国在 60 年代中期就建立了故障数据库和可靠性服务所开展概率风险研究工作。1975 年，美国正式发表了商用核电站轻水反应的风险分析报告。此后，这类风险分析技术在许多工业发达国家的许多项目得到了广泛的应用，并推出了一系列以概率论为基础的其他的安全评估方法。

在道路安全方面，Kim 等人收集了 1997 ~2002 年间发生在美国 North Carolina 州脚踏车与汽车碰撞的事故资料进行风险评估，将事故严重程度分成 4 个等级（分别为死亡、重伤、轻伤、极可能受伤/未受伤），并以多元罗吉特模式探讨影响事故严重程度的因素。分析结果发现，不良天气、黑暗无街灯的环境、对撞、与速度有关的碰撞、遭卡车撞击、汽车驾驶人或骑自行车人酒醉驾车及骑自行车、老年人等因素有较高致死概率。

国外学者的相关研究指出，公路驾驶人的行为以及公路、铁路管制设备的妥善与否，可能是造成平交道交通事故的关键因素。故针对平交道风险因素进行分析，利用文献回顾探索过去有关平交道事故风险评估、风险因素等分析方法与成果，并利用切实地资料收集，辅以设备故障、平交道事故等统计资料，建构故障树与事件树等图形，来分析平交道风险因素与可能造成的后果。还有学者探讨了通过城市道路网络装运危险货物的交互式模型道路，计算每件货物的始发地和目的地基础上最低风险路线，并以图形显示所选择的路径。其要计算的目标风险是通过观察和预测事故率，以故障树分析估算此道路损失以及各种损伤扩展的概率，由此产生的风险评估模型，可反映各种环境条件、道路性质和地点的具体参数，此程序模型的道路应用于多伦多，该应用程序说明了最低风险路线的范围与相关的外部变量和各变量间的关系。

（2）国内情况。

我国于 20 世纪 80 年代初期开始安全风险与评价研究工作。化工、冶金、机电、航空、交通等行业陆续开始在企业中实施安全风险分析与评价工作。

我国真正将风险理论引入道路交通中，始于 20 世纪末 21 世纪初。近年来，我国在路网风险评估和管理方面已进行了诸多尝试，取得了一定成果。2002 年，陈艳艳、刘小明和任福田将风险评价与管理引入交通路网灾害影响分析当中，主要是针对地震、洪水等自然灾害、恶劣气候及严重交通事故等交通路网灾害进行了风险评价，进而可根据风险程度及减灾措施的效益成果来评价减灾措施的可行性[58,59]。这里仅仅用风险度量的方法对交通路网的自然灾害进行初步的评价，但其意义在于将风险度量引入道路交通灾害的评价中。

何寿奎[60]等在综合考虑交通安全风险影响因素的前提下，从设施脆弱性、道路运行承载能力、环境条件、人员、组织与管理方法、车辆 6 个方面，建立城市交通安全风险三级评价指标体系，利用 D-S 论据融合法确定指标权重，进行了交通安全风险的模糊多属性评价并进行实证分析。该研究将风险评价引入道路交通安全的研究中，提出城市交通安全风险评价指标体系，选择了相应的评价方法，提出确定各地区的交通安全风险评价等级的思路与方法。这些内容的研究，使得道路交通安全的风险研究突破了前期研究范围，向纵深和内涵进行了发展。

马海红等人在《奥运交通风险评价与实例分析》[61]一文中给出了奥运交通风险的定义，明确了奥运交通风险评价对象的具体内容，提出奥运交通风险评价以风险事件识别、风险事件分析、风险等级划分、应对措施制订为主线的工作流程，针对评价对象进行风险事件的详细识别，以道路积水风险事件为例，进行评价实例分析。该研究首次将道路交通安全风险的理论研究转向技术应用，为道路交通安全风险技术应用进行了有益的探索。

除了前述研究成果，关于交通安全风险评估技术，国内还有交通运输部西部交通科技建设项目《西部地区公路交通安全评价》和《公路交通安全手册研究》进行的相对系统的研究。这两个项目从定性和定量两个方面构建了我国公路交通安全评价的体系，完成了高速公路、有中央分隔带四车道公路和双车道公路的安全性预测模型的构建，针对平面交叉口、互通式立体交叉、一般公路路段和高速公路路段分别编制了安全评价清单和评价程序。

交通部公路科学研究所从2004年开始持续开展了事故预测模型和安全管理技术等相关研究，并在“十一五”国家科技支撑计划相关项目建立了适合我国国情的山区二级、三级双车道公路网交通安全风险评估模型。此外，同济大学、北京工业大学、东南大学、吉林大学、长安大学、北京交通大学等高校，也在事故成因分析、事故预测模型和措施效果分析等方面取得很多成果，具体包括基于简单统计和经验的分析、灰色关联分析法等的道路交通事故成因分析，应用负二项等的双车道公路事故预测模型研究等。

其他研究中直接针对安全风险评估的很少，多与安全评价相关。如刘东等提出道路交通安全综合评价指标体系总体框架和19项具体评价指标[62]，界定了评价指标的含义和评价的具体内容。刘涛等对国内外道路交通安全水平的评价和预测方法进行了对比和分析，提出了适合目前国内现阶段管理体制的以模糊数学综合评价模型为基础的评价和预测方法。该方法采用模糊评价综合模式，计算评价目标区8个评价指标最大概率所对应的等级，通过层次分析计算各指标间的权重系数，在此基础上计算得到区域道路交通安全的综合评价指标——道路安全指数IRS，运用时间序列预测法、灰色系统预测法和回归分析法预测8个评价指标的变化及未来的IRS值。朱顺应等用因子分析法和层次分析法组合起来对道路交通安全进行评价（F-AHP）[63]：用因子分析法来构造评价指标间的层次关系，用其分析值度量同层指标的重要性；采用层次分析法计算各层次指标对目标的权重，用线性加权法对评价对象的安全水平进行客观评价。朱顺应探讨了用因子分析法中公因子作为评价指标的替代指标，用其得分值作为新指标的数值，根据公因子对原始评价信息解释大小来计算新指标权重，用线性加权法对评价对象的安全水平进行客观评价。周志刚在分析现有各种道路交通事故评价指标的基础上，采用主成分分析方法，构造了山区道路交通事故评价指标，该指标能凸显该地区交通事故的变化趋势和主要特征。范翔讨论了山区公路事故特点，给出山区公路事故多发点的鉴别方法。从设计角度出发，采用理论与实际相结合的方法探讨了道路几何线形、路面、交叉口、交通设施以及特殊环境对山区公路交通安全的影响，提出山区公路模糊综合评价法，根据山区公路的特点，在理论上建立了山区公路模糊综合评价指标体系。

2014年6月，交通运输部发布《交通运输部关于推进安全生产风险管理工作的意见》（交安监发〔2014〕120号），明确了建立安全生产风险管理体系和风险管理内容。2016年9月，交通运输部印发《构建安全生产风险分级管控和隐患治理双重防控体系实施方案及相关制度意见》，明确了着力构建隐患排查与风险管控双重预防机制，全面开展安全风险辨识、科学评定安全风险等级、有效管控安全风险、实施安全风险公告警示、建立完善隐患排查治理体系。在相关政策以及研究指导下,交通运输部公路科学研究院以国际发展银行在中国投资的公路建设项目为切入点,结合自 2014 年开展的公路安全生命防护工程等的实施,已经开展了 10 多万公里公路的风险评估工作,对于评估后的公路,提出针对性的改进措施并与当地实施单位合作进行公路设计改造,后评估结果显示,风险值显著降低,对于减少事故及降低事故危害均存在效果。

2.3.2 公路风险评估的提出和发展

现代公路风险评估,主要来源于路网安全管理定量化和科学化的需求。一方面,安全完善中发现,少量的路段集中了绝大多数的伤亡事故;另一方面,从车辆的星级评价得到启发,是否也能对道路进行类似的评价,从而更科学地指导安全完善。

国际道路评估组织(iRAP)是现代道路风险评估在世界范围内研究和推广的先驱者。它专注于创建一个没有风险道路的世界,是一个享有声誉的国际非营利性组织,已经在包括中国在内的 80 多个国家开展了道路风险评估的项目和推广工作[64]。

在国际道路评估组织的评估方法中,可将道路网络按 100m 为单位路段进行编码,利用 ViDA 软件分为 1 ~5 级输出星级(对于每个星级的增加,事故的社会经济成本减半)。此外,ViDA 将会生成一个更安全的道路投资计划,这是一个超过 70 种可能的工程解决方案的排名列表,可满足用户定义的最低成本效益目标。

自 2000 年以来,美国、澳大利亚、新西兰及欧洲一些发达国家和地区都在积极推行风险评估技术的研究和应用。目前风险评估已经成为安全完善资金分配和效果评估的有效工具。在公路安全手册方面做了很多研究的美国,也由 Harwood 在犹他州等进行了很多风险评估的推广和应用。一些发达国家已经把风险评估作为国家交通安全战略制订的主要支撑工具,比如新西兰、澳大利亚。在新西兰国家安全战略中,国家的公路至少要达到四星级的水平。

2004 年,美国参与了国际道路评估组织的推广计划,并建立美国道路评估计划(usRAP)。这是一个创新的、主动的工具,用于分析道路的安全性,并生成用于降低事故发生的、基于数据分析的决策方案(关于 usRAP 的更多信息可以登陆 http://www. usrap. org/what-usrap)。

从 2007 年开始,我国交通部公路科学研究所与国际道路评估组织合作,开展了中国路网风险评估(ChinaRAP)研究和应用工作,并在世界银行、亚洲开发银行和国内资助的很多项目中得到实际应用。

2.3.3 公路风险评估的目标

公路风险评估的目标包括研究目标和应用目标。对于研究目标,首先是基于已有的研究成果,吸收国际道路评估组织(IRAP)和国内外先进的交通安全项目经验,研究建立适合中国国情的道路风险评估系统;其次是通过采用风险评估技术,为道路安全完善、事故预防安全设计及管理标准制订等提供一种新的途径,最终实现在中国消除高风险的道路和路段。

2.3.4 公路风险评估应用优势

公路风险评估技术的应用范围包括交通管理的宏观、中观和微观各个层面,既可以对交通安全政策提供战略性指导建议，也可以对大范围路网安全管理进行辅助，同时，还能够有针对性地对个别路段的安全性提升给出具体完善方案。在实际应用上，公路风险评估可用于宏观的国家级、省级、地市级、项目级的路网，长期、中期和短期的安全规划，也可直接指导微观的单条路或点段的安全完善。

宏观层面，通过主动的风险评估，可以向科技人员、工程师、政府管理者和道路使用者呈现清晰可信的可视化风险评估结果。公路网的风险地图显示了公路安全性分级情况，同时，评估系统也可以提供安全完善建议，从而防止事故发生并挽救生命。

中观层面，风险评估技术使用视频及相关日志数据和专业的在线评估软件，能够根据当地的实际需求而为工程技术人员及管理者提供安全性提升对策建议，辅助日常管理工作。

微观层面，风险评估技术通过对公路基础设施安全性的计算，识别高风险路段分布位置点，同时，根据投入效益比，提供基于短、中和长期的投资解决方案，可以有针对性地对具体路段进行完善措施的指导。

总结下来，在道路基础设施的安全管理中，道路风险评估是量化的、高效的路网级安全完善决策的工具，在以下这些方面，既满足现实安全管理的需求，也体现方法应用的优势。

(1)道路基础设施条件安全服务水平的量化。安全是道路服务水平的重要指标，传统上，在政策制订、设计完善等工作中，除了最终的事故指标，对基础设施安全条件还缺少定量和确定的描述。风险评估可以类似于酒店的星级评价、车辆的星级评价，量化道路风险等级，表达基础设施条件安全服务水平，从而为安全实施目标的分阶段制订提供基础。比如，当前条件下道路是什么等级，需要达到什么样的风险等级。

(2)在路网级的安全管理中，应用风险地图的形式来展示路段分析分布，可以改变传统表格等形式的不直接性，更直观、准确地确定高风险路段。如路网中，黑色和红色表现为高风险，绿色风险最低。

(3)在风险计算的基础上，还可以基于大量的基础因素，看看哪些因素对风险值贡献最大，明确导致高风险的因素。

(4)系统也可直接用于新路和现有路安全完善设计方案的评估，判断方案是否处于可接受的水平，存在的不足是什么，以保障既有路逐步消除“存量风险”、新建路不增加新的“高风险路段”。

(5)从路网层面优化资金分配。资金总是有限的，风险评估技术可以实现在目标确定的情况下，用最少的资金投入消除高风险路段，在资金一定的时候使资金的安全效果最好，并通过资金投入量和效益的分析，来判断可操作性。根据实施经验，达到相同的安全目标，相对于传统的安全完善资金的分配，应用风险评估技术可节约30%～40%的安全资金投入。

(6)可用于项目资金投入的有效性评估。风险评估可分析预期安全效果是否实现，对投入资金的经济效益和社会效益进行评估，同时，为未来的安全计划编制提供依据。

(7)风险评估的实施，需要进行大量基础数据的采集，评估过程也是数据积累的过程，是建立道路安全DNA数据库的过程。进行政策制订、干预对策选择是数据驱动型的和有证据支撑的，可对安全投入进行效果预估和经济效益分析，是可溯源的。

2.4 安全完善方法比较

各种安全完善的技术方法，都有各自的适用性和优势。Harwood 等对于美国的安全管理工具、安全评价和风险评估的方法进行了对比分析[65]。

美国的风险评估系统 usRAP 类似于国际道路评估组织的评估应用，应用风险评估模型来评定风险。该方法不需要详细的反映所有具体地点的事故数据，以成本效益原则为基础，使公路管理单位能够生成公路基础设施的改进计划，以提高公路网络的安全性。该方法的优点在于对事故数据的依赖性低，基于成本效益的定量分析可以确定安全完善方案并进行排序，同时，可以考虑小汽车、摩托车和行人等不同用户。其不足是，进行风险评估时，需要进行道路基础设施条件等数据的标准化工作的工作量比较大。

美国联邦公路局 FHWA 的系统性安全工具，使用事故数据来识别分析目标的事故类型和风险因素，然后使用这些风险因素来优先考虑潜在事故地点并实施完善对策，风险因素的选择以道路或者交叉口数据特征为基础，而不是研究对象的事故数据。该方法在缺少详细事故数据的情况下，对事故类型进行一些假设选定。该方法也是数据驱动型的方法，在识别目标事故类型及风险因素方面具有灵活性，相比于风险评估方法，其需要较少的数据。其缺点是，如果目标事故类型以及风险因素选择的不恰当，结果会有一定的误导性，而且该方法针对一些重点事故类型，从而错过对其他一些事故类型的考虑，因此，目标事故类型和风险因素的选择和判断十分重要。该方法鼓励将成本交易或者效益成本比率作为对策选择的基础，但是不是必须的。

对于运营阶段的安全评价，一般情况下是由有经验的技术人员实施。实施人通常审查所选择的每个地点的详细事故数据并记录下事故类型，然后审查有这种事故类型的每个地点，从而识别安全提高需求。这种方法以事故数据为基础，或者以风险因素为基础，或者考虑两者的结合。安全评价的优点是通常通过实际考察来实施，而风险评估和 FHWA 的工具主要依赖于基础数据。安全评价的不足是需要成员做大量的现场核查工作，成本最高，同时结果往往不是定量的，也缺少对成本效益的有效考虑。

第3章 公路交通安全风险评估模型

公路风险评估技术由数据采集和标准化、评估模型、对策分析模型和经济分析模型几个核心模块组成。

数据采集是各个领域技术研究和应用的基础,公路风险评估也不例外,高效准确的数据采集手段是保障风险评估结果客观有效的前提。按照风险评估数据的基本需求,应采集包括路面图像、公路线形、标志标线、交通流特性、气象数据等相关数据,并基于采集的数据按模型的应用要求进行数据的标准化。

评估模型是风险评估技术的CPU。目前,国际道路评估组织iRAP对于全部的道路皆应用一个评估模型和标准进行评估。我国考虑高速公路、普通公路、低等级公路和城市道路的不同安全特点,分别建立了风险评估模型,除了风险评估模型,还包括对策分析和经济分析模型等。其中,风险评估模型是基于主要的事故类型,包括碰撞事故、交叉口事故、路侧事故。风险评估模型里的关键就是确定各个影响因素的影响系数,包括线形、路侧、标志、标线等基础设施条件,还有运行速度、交通组成等因素对安全的影响规律等。

对策分析模型是一套对策库,包括对策内容、适用条件、基本造价,还有预期效果。经济分析模型主要是进行措施成本和伤害效益的综合分析。

本章主要介绍和风险评估模型相关的内容。

3.1 高风险公路和路段的确定

根据实际情况,不同国家对于高风险公路和路段的确定标准不完全相同,但总原则是综合多种指标进行综合判别,包括事故分析、风险评估分析、养护安全管理分析等。

(1)美国[64]。

高风险的路是那些功能划分为主要集散、次要集散,或者地方道路的伤害事故率高于州的平均水平,或者可能由于交通量的增加导致事故率高于州平均水平的路。

(2)新西兰[65]。

在新西兰的公路风险管理中,为了提高覆盖度,考虑了多种综合的方法,比如在高风险乡村公路指南中,高风险公路包括:

①与其他公路相比,伤亡事故率(个体危险,如亿车公里事故率指标)或事故密度(群体危险,如事故密度)呈高或中高水平的乡村公路。

②根据KiwiRAP星级评定和风险分值计算,具有潜在伤亡事故风险的乡村公路,例如公

路星级评定为1~2星或风险分值大于10的公路。

③公路基础设施安全评价中,伤亡事故率大于2.5的乡村公路。

定义为乡村公路高风险的路段,应当保证超过5年的伤亡事故事故数大于3,或超过10年的年均伤亡事故数大于5,或由KiwiRAP星级评定、风险分值计算和公路基础设施安全评价模型预测的为高风险的路段。

(3)中国公路安全生命防护工程。

在我国的公路安全生命防护工程高风险路段的排查中,对于以等级公路为主的高风险路段的标准包括:

①根据事故风险和公路风险分析模型,事故风险和公路风险为四级和五级的路段。

②依据交通管理部门或公路管理部门累积的交通事故记录,在剔除与公路技术状况无关的事故数据(如酒驾、毒驾等)后,符合下列条件的识别为事故多发点段:2km范围内3年发生过1起死亡3人以上的事故,或500m范围内3年发生过3起以上死亡事故的路段。

③采用标准规范中最大(或最小)值的平纵线形及其组合不当或不协调的路段;陡崖、深沟、路肩挡墙、陡于1:4的填方边坡高度大于一定值(一般为4~8m)或至路肩边缘不足3m处有常水深0.5m以上的水体(含江河、湖泊、水库、沟渠)、干线公路、铁路等的路侧险要路段;行人、自行车、摩托车、农用车或环境等对行车造成安全隐患的交通环境复杂路段,均识别为高公路风险路段。

3.2 公路风险评估模型

公路交通安全风险评估模型包括基于事故的风险评估模型和基于道路交通设施特征的公路风险评估模型两类。基于事故的风险评估模型应用较为直观简便,但容易受事故数据质量的影响而导致评估结果可靠性降低。基于道路交通设施特征的公路风险评估模型从道路本身的角度衡量风险水平,能够更为深刻地揭示道路自身条件存在的安全隐患,且评估结果不受事故数据的影响,但应用较为复杂。在实际工作中,通常综合应用两种模型来取得更为全面可靠的评估结果。

3.2.1 基于事故的风险评估模型

基于事故数据的评估,主要考虑实际事故分布情况。基于事故数据进行公路网的交通安全风险评估,首先需要将公路网划分成若干特征相似的评估路段,然后针对每个评估路段计算其评估指标值,最后,按照风险分级标准确定公路网中各评估路段的风险等级。

3.2.1.1 评估路段划分

评估路段划分的合理与否,直接关系到评估结果的合理性和可靠性。

(1)路段划分条件。

基于事故数据偶发性、小概率的特点,为保障评估的可靠性,评估路段的划分应符合以下条件:

①路段的公路基础设施特征应相似,如具有相同的车道数、车道宽度、技术等级等。

②路段的设计车速和交通量相同或相似,具体来说,同一评估路段内,设计速度差异小

于 10km/h，交通量差异小于 2000 或 20%。

③路段的管理主体应相同。

（2）路段划分的方法与步骤如下：

①按照交通量观测站起终点、交叉口起终点、公路技术状况表中路段起终点三类特征点划分路段。

②将划分好的路段，对应事故数据表、交通量统计表和公路路线基本情况明细表查找相应的路段特征信息。

③对照评估路段的条件，筛选出不符合条件的路段。

④对于不符合评估条件的路段，按照合并条件与相邻路段合并。

⑤合并后的路段，重新计算路段特征值，其中 AADT 采用里程加权平均值，设计速度取较小值。

（3）与相邻路段合并的条件如下：

①技术等级相同。

②车道数相同。

③管理主体相同。

④设计速度差异小于 10km/h。

⑤交通量差异小于 2000 或 20%。

3.2.1.2 评估指标

基于事故对公路网中各路段的交通安全风险进行评估是最直接的评估方法。根据国内外常用的事故指标对比，结合我国事故数据的特征，确定采用以下两项事故指标进行风险评估。从保障风险评估的准确性、可靠度和实用性等多方面分析，事故统计年限一般不少于 3 年。

（1）路段每年每公里发生的重特大事故数 R_1，反映了路网中各路段的总风险，见式（3-1）。

$$R_1 = \frac{N}{L \times T} \tag{3-1}$$

式中：N——路段在统计年限内发生的重特大事故总数；

L——路段的长度（km）；

T——事故统计的年限。

（2）路段每年每车公里发生的重特大事故数 R_2，反映了单个道路用户在路网中各路段所面临的风险，见式（3-2）。

$$R_2 = \frac{N \times 10^7}{L \times T \times 365 \times \mathrm{AADT}} \tag{3-2}$$

式中：N——路段在统计年限内发生的重特大事故总数；

L——路段的长度（km）；

T——事故统计的年限；

AADT——路段年平均日交通量（自然数）。

3.2.1.3 风险分级标准

基于事故的风险评估等级的划分可采用如下推荐的统计分析方法，在实际应用中可以根据区域的事故特点进行调整。不同风险等级的指标阈值,根据初始评估年份公路网中风险的累计分布规律来确定,一旦各风险等级的阈值确定,将在一定时期内保持固定不变,从而反映出在一定的公路安全改善措施条件下,公路网风险等级随时间的变化以及公路网风险等级的空间分布变化。风险评估等级划分方法的示例见表3-1。

基于事故的风险评估等级划分方法示例 表3-1

风险等级	风险级别	相应比例
低	Ⅰ级	低风险路段占路网中所有路段的30%
较低	Ⅱ级	较低风险路段占路网中所有路段的20%
中	Ⅲ级	中等风险路段占路网中所有路段的20%
较高	Ⅳ级	较高风险路段占路网中所有路段的20%
高	Ⅴ级	高风险路段占路网中所有路段的10%

3.2.2 公路风险评估模型

公路风险评估反映的是公路基础条件在相应的年平均日交通量、运行速度下的平均交通运行安全水平。具体的单个车辆用户在公路上行驶时的实际风险,与驾驶人个体状态、采用的驾驶速度等相关。

公路风险评估工作是根据实际道路基础数据的细致调查,提供一种不依赖事故数据而又可以简单、客观地衡量交通安全水平的分级评估工具。公路风险评估结果反映公路基础设施可为道路使用者提供安全行车条件的程度。风险评估技术是实现路网安全管理的基础,也是当前道路交通安全研究领域的热点。该项技术目前在美国、澳大利亚等发达国家有较多的研究和应用,我国从2008年开始进行系统性地研究和应用。

3.2.2.1 评估模型的建立方法

对于风险评估应用,量化的评估模型是核心内容之一,其主要有两方面的功能:一是可对公路的风险分值进行计算、对风险水平进行评估;二是作为安全完善措施优化配置的选取依据。

评估模型主要包括模型框架和安全影响因素的风险系数。基于安全工程的基本理论,风险用事故概率和严重程度来综合表达,风险系数也包括事故概率系数和严重程度系数,风险系数的获得综合了历史研究成果。影响严重程度系数的主要有速度和路侧危险度两个指标,影响事故概率系数的有视距、平曲线半径等多种因素。系数的表述一般是确定一个最优的基本条件为1,针对其他非最优基本条件时确定相应的系数值。如具备渠化交叉口的系数为1,没有渠化的为1.2。系数也表明了不同设施条件下的安全关系。关于系数值的确定,类似于事故修正系数(Crash Modification Factor)研究,主要基于大量研究成果。关于不同设施条件下的安全关系,国际道路评估组织IRAP的模型中也参考了很多Clearinghouse的研究成果[66]。

在我国的风险评估模型研究过程中,引进和参照了国际道路评估组织的模型框架和部分因素的风险系数[67-69],在此基础上,在框架中补充完善了符合我国特点的部分安全影响因素的风险系数,如吸纳了2003年《西部地区公路交通安全评价》、2004年《公路交通安全手册研究》[70,71]、2004年《公路交通安全应用技术研究》《“十一五”国家科技支撑计划:重特大道路交通事故综合预防与处置集成技术开发与示范应用》课题成果,以及多年来积累的大量项目成果等。

关于事故修正系数的研究，主要方法有对照组前后研究法、经验贝叶斯前后研究法、完全贝叶斯研究法、截面研究法、情景控制研究法、队列研究法等。具体的方法使用场景和方法如下。

(1)对照组前后研究法。

在没有实施任何的安全措施的前提下，当对照组和控制组的后期预期事故发生数和前期预计事故发生数的比率是相等时，那它就是一个合适的对照组。

评估一个候选对照组的适应性的方法：样本比值比序列分析法，计算公式见式(3-3)。

$$r = \frac{(T_b C_a)/(T_a C_b)}{1 + \frac{1}{T_a} + \frac{1}{C_b}} \tag{3-3}$$

式中：r——样本比值；

T_b——在第 i 年控制组的总事故数；

T_a——在第 j 年控制组的总事故数；

C_b——在第 i 年对照组的总事故数；

C_a——在第 j 年对照组的总事故数。

对于一个合适的对照组，要求包括：

①对照组和控制组的前后期应相同。

②除了研究中的安全措施以外，其他因素的变化(如交通流量的变化)在控制组和对照组中是相同的。

③事故数量必须足够大。

(2)经验贝叶斯前后研究法。

基于趋均数回归可知，前期无控制的预计事故发生数是两种信息的加权平均。

①在前期的控制点观测到的事故数量(Nobserved,T,B)。

②在控制地点，基于类似交通和物理特征的参照点的事故的预测量(Npredicted,T,B)。

出发点是未被控制的参照组的数据被用来对 SPF(安全功能函数)进行首次评估。SPF 是一个数学模型，这个模型是用来预测那些有着相同特征的相似地点的平均事故率。这个特征一般包括交通量，可能包括一些其他的变量(如交通控制和几何特征)。

(3)完全贝叶斯研究法。

完全贝叶斯和经验贝叶斯都对控制组需要相同的考虑来控制混合效益，以评估控制的安全效果。但完全贝叶斯有其优势：一是它的建模框架允许指定复杂的模型形式；二是可以估计小样本的有效模型；三是能够考虑到点之间的空间相关性；四是在建模中系数值与收集的数据基础上，能够引入之前的成果的能力。

(4)截面研究法。

横断面研究方法看某些属性有和没有时地点的事故情况，然后从属性中找出安全性的区别。CMF 是这样估计的：某些属性有和没有的地点的平均事故频率之比。为保证方法可靠，在所有其他因素都影响事故风险的情况下，要保证其他因素彼此是相似的，但是在实践中很难满足这一要求。

(5)情景控制研究法。

情景控制研究方法是基于截面研究数据的。对于横断面研究,一般情况下样本的选择是基于某一特性的存在和缺失(如照明)或基于忽略是否有事故情况下的一个特定的道路或路口类。针对情景控制研究方法地点的选择,是基于结果的(如碰撞或无碰撞),然后确定每个结果组内优先处理方式(或风险因素)。

(6)队列研究法。

队列研究方法被应用到公路安全的一些领域中,主要是应用在安全带的效果和驾驶人员的培训中,但有希望成为评估安全性的一种选择。队列定义为有特殊几何和操作特性的一系列的点。结果定义为一场事故。这个队列应该是一段时间内的,来确定事故发生前那些有风险的时间段。

(7)开发 CMF 的可替代研究方法。

①元技术分析方法。

所有的元分析技术都是在一个相同的准则基础上的,这个准则就是估计 CMF 值是之前的文献中的所有个体 CMF 评估的平均值。很多人会选择加权平均的方法,这个权重可能反应出每个研究估计的精度和研究方法论的适应性。

②专家小组研究法。

③替代措施研究。

替代措施的变化可以用与评估事故变化相同的方法来评估。

3.2.2.2 普通公路风险评估模型

对于公路风险评估模型,包括高速公路、普通公路、低等级公路和城市道路的评估模型,各种模型的框架基本一致,根据不同的道路特点,包含的因素略有不同,如高速公路模型中对对撞事故考虑较少,包含了出口三角端的相关信息等。本书以《公路安全生命防护工程实施技术指南(试行)》中的普通公路风险评估模型提供实例。

(1)模型。

按照综合交通事故发生概率和可能严重程度的评估模型,一般按 100m 单元,对公路进行断面调查(一级公路的两个行车方向分别划分断面,二级公路、三级公路、四级公路按整幅划分断面),获得典型公路条件指标,结合观测的交通运行数据,按照评估模型计算风险分值,用该值代表这 100m 范围内的公路风险程度。公路风险评估模型的构成及计算方法如图 3-1 所示。

公路风险分为五级,分别用罗马数字Ⅰ、Ⅱ、Ⅲ、Ⅳ、Ⅴ表示。Ⅰ级为低风险,Ⅴ级为高风险,分级标准见表 3-2。

公路风险分级标准 表 3-2

风险等级	风险状况	公路风险指标(HR)范围
Ⅴ级	高	≥23
Ⅳ级	较高	[13,23)
Ⅲ级	中	[5,13)
Ⅱ级	较低	[3,5)
Ⅰ级	低	<3

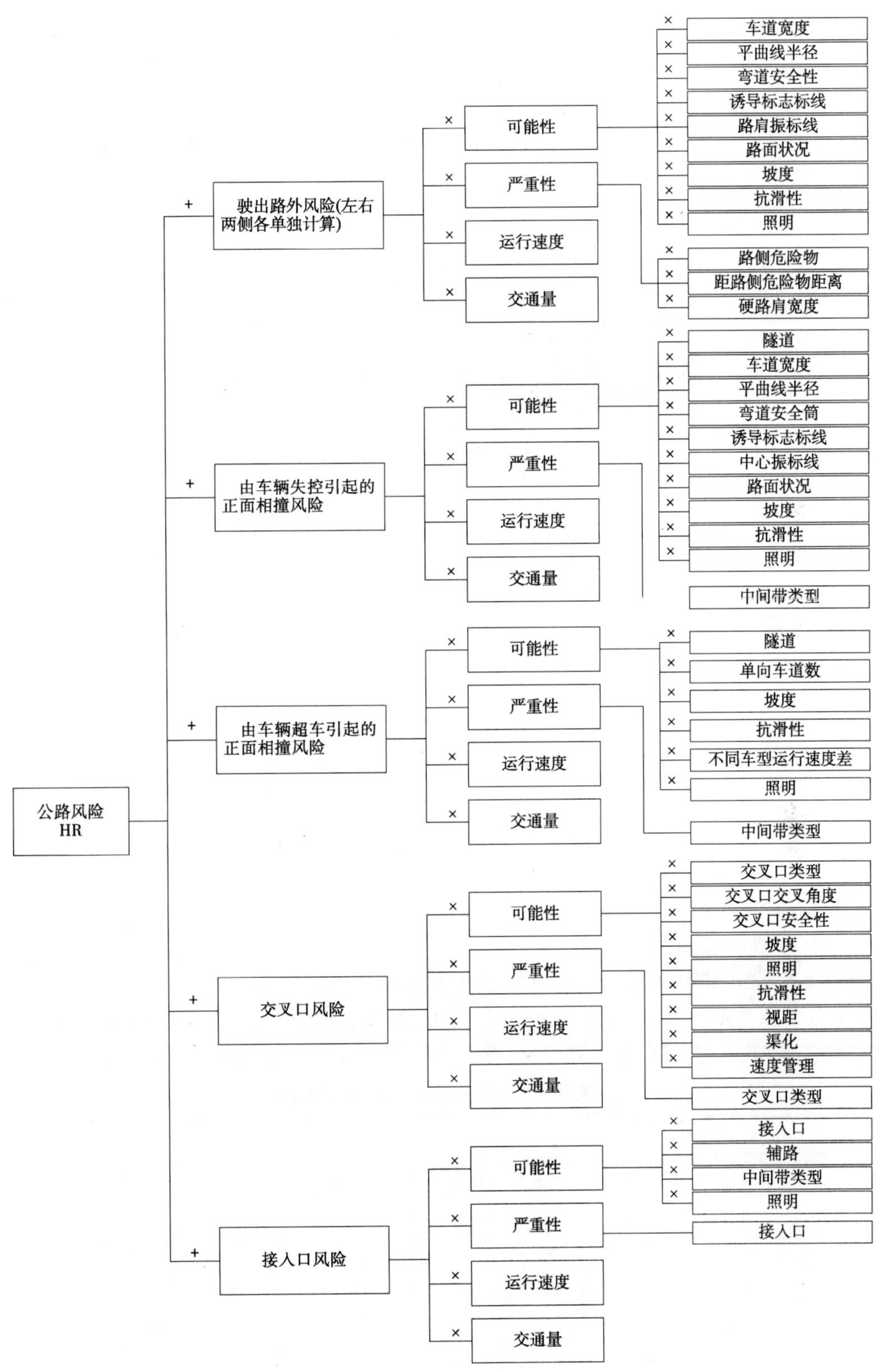

图 3-1 公路风险评估模型

(2)计算实例。

针对某二级公路路段,设计速度 80km/h,双向两车道,路基宽度为 12m,设有 1.5m 硬路肩,应用普通公路模型进行公路风险评估的计算分析步骤如下。

①基础数据采集:采集沿线道路视频(公路中心线为中心,辐射公路两侧 170°范围)以及里程和 GPS 信息。经调查,该路段交通量为 6256 辆/d。该路段的运行速度为 78.52km/h。路段场景如图 3-2 所示。

图 3-2 实例路段场景

②数据标准化处理:通过查询附表 1-1 、附表 1-2 和附表 1-3,对公路指标、运行速度指标及交通量指标进行风险数据标准化处理。

③评估:将经过标准化处理的数据,代入公路风险计算模型,求得该示例路段的公路风险指标 HR 为 12.37,根据公路风险指标分级标准,该路段的公路风险等级属于Ⅲ级。实例路段公路风险计算过程如图 3-3 所示。

3.2.2.3 事故风险和公路风险的综合分析

一般针对公路风险和事故风险,可以进行综合分类分析来确定优先等级,或者来综合指导路段的安全完善。

(1)优先等级确定。

A 类路段表示事故风险和公路风险等级均较高,应考虑优先实施公路安全改善措施,其次是 B 类和 C 类路段,优先次序依次降低。B 类为事故风险较高,公路风险较低路段,C 类为事故风险较低,公路风险较高路段,D 类则为二者风险均较低的路段,见表 3-3。

以风险评估为基础的路段优先等级分类 表 3-3

公路风险等级	交通事故风险等级				
	Ⅰ	Ⅱ	Ⅲ	Ⅳ	Ⅴ
Ⅰ	D	D	D	C	C
Ⅱ	D	D	D	C	C
Ⅲ	D	D	D	C	C
Ⅳ	B	B	B	A	A
Ⅴ	B	B	B	A	A

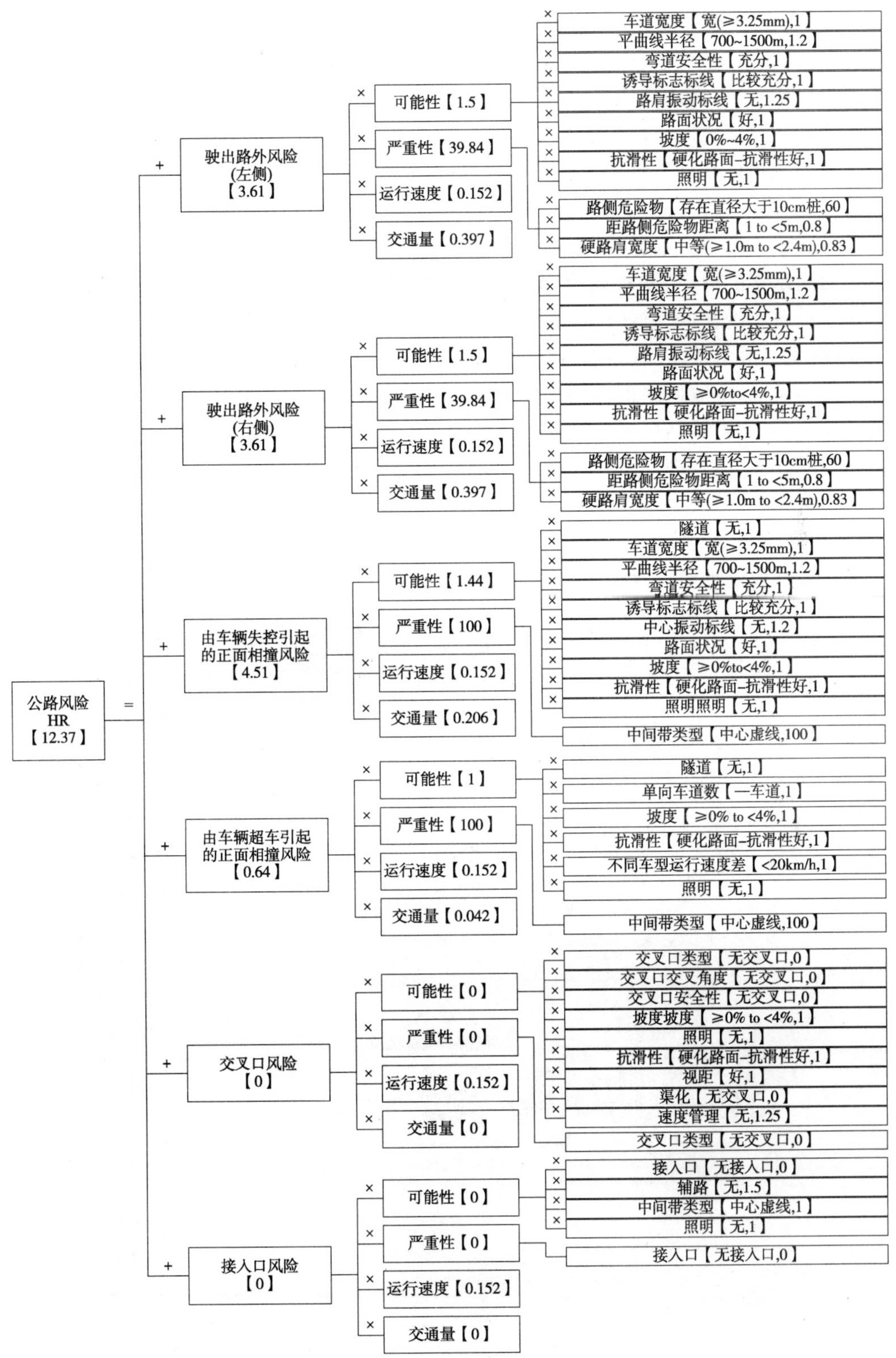

图 3-3　实例路段公路风险计算过程

(2)安全完善对策确定。

A级:高成本、高产出、长期性安全完善。这是指事故风险和公路风险都比较高的路段,交通量也比较大,可考虑高成本、高产出措施,如针对路网中路侧和失控、追尾等最主要形态事故的增加硬路肩宽度、改善长大下坡线形,由于涉及土建工程,实施周期一般也比较长,可针对最重点的点段长期性规划实施。

B级:公路风险较高的中低成本安全完善。这表示公路风险较高、但交通量较低、事故密度低的路段。考虑交通量较低,车辆一般在自由流下行驶,安全完善策略一般围绕确保道路具有最高水平的标识,视距通透,同时采用科学的速度管理来降低事故可能性和伤害程度。重点是解决潜在的交通安全问题。

C级:完善道路条件,需加强与交警、路政等安全管理合作。这是指公路风险相对较低,但由于交通量高,事故风险也比较高。对于这些路段,主要是对设施的进一步完善,一般采取完善交通诱导、设置路肩振动带等措施。为了保障设施的效果得到有效体现,需要加强与交警、路政等的安全管理合作,以充分发挥安全设施的有效性。

D级:表示公路风险和事故风险都比较低的路段,表明路段没有多少严重影响安全的问题,只要加强日常性的安全养护即可。

不同类路段处理对策及顺序如图3-4所示。

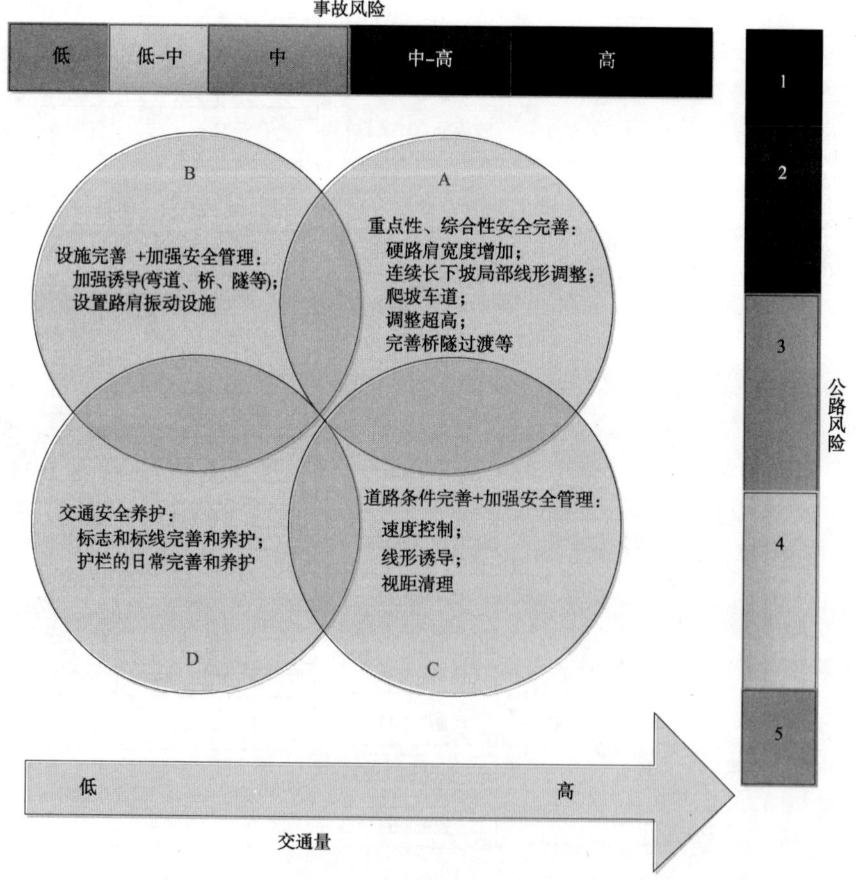

图3-4 对策处理原则

3.3　对策和经济分析评估

经济分析模块实现对策的经济分析，主要基于投入设施的成本、生命周期等，结合评估模型对设施实施后伤害和死亡降低情况的估计进行计算。在进行伤害和死亡降低的经济分析时，需要考虑人的伤害价值。根据国际惯例，一般死亡一个人的价值损失是当地人均 GDP 的 60 ~ 80 倍，重伤价值损失是死亡价值损失的 1/4。

进行经济效益分析时，经济效益越大，优先级别越高，一般选择效益成本比大于 1 的进行计划决定。

(1)经济效益分析。

给定年的经济效益计算见式(3-4)。

$$B_{n} = \mathrm{NPF} \times 70 \times \mathrm{GDPP} + \mathrm{NPS} \times 0.25 \times 70 \times \mathrm{GDPP}/(1+r)\hat{}y \tag{3-4}$$

式中：y——年；

B_{n}——第 n 年的经济效益；

NPF——减少的死亡；

GDPP——人均 GDP；

NPS——减少的重伤；

r——折现率。

给定时间段内的经济效益见式(3-5)。

$$B = \sum_{i}^{n} B_{n} \tag{3-5}$$

式中：B_{n}——第 n 年的经济效益；

n——分析年份，一般为 20 年。

(2)投入成本。

投入成本即直接建设成本，由于评估时一般以 100m 为计算单元，在计算的时候，一般按 100m 为单位进行成本计算。

N 年总成本见式(3-6)。

$$C == \sum_{i}^{n} C_{n} \tag{3-6}$$

式中：n——分析年份，一般为 20 年。

第 n 年的设施成本计算见式(3-7)。

$$C_{n} = C/(1+r)\hat{}y \tag{3-7}$$

式中：C_{n}——第 n 年的设施成本；

C——N 年总成本；

r——折现率；

y——年。

(3)产出投入效益比。

产出效益投入比见式(3-8)。

$$BCR = B/C \tag{3-8}$$

式中：B——效益；

C——成本。

用于计算的设施造价表，通常情况下可根据实际情况进行调整。

3.4 公路风险评估应用流程

公路风险评估的过程是一项系统性的、有机的工作，其流程和工作内容如图3-5所示，包括基础数据采集、数据标准化、风险分值计算、风险分级和分析、风险地图生成。根据风险评估的结果进行对策分析、经济评估、预期效果评估、确定效益最大化安全完善方案，再基于风险评估进行交互式安全完善设计，最后进行实施投资效果后评估。针对风险评估工作流程中的每一个环节，均应根据评估结果、项目经验以及管理实际进行校核、修改和完善。

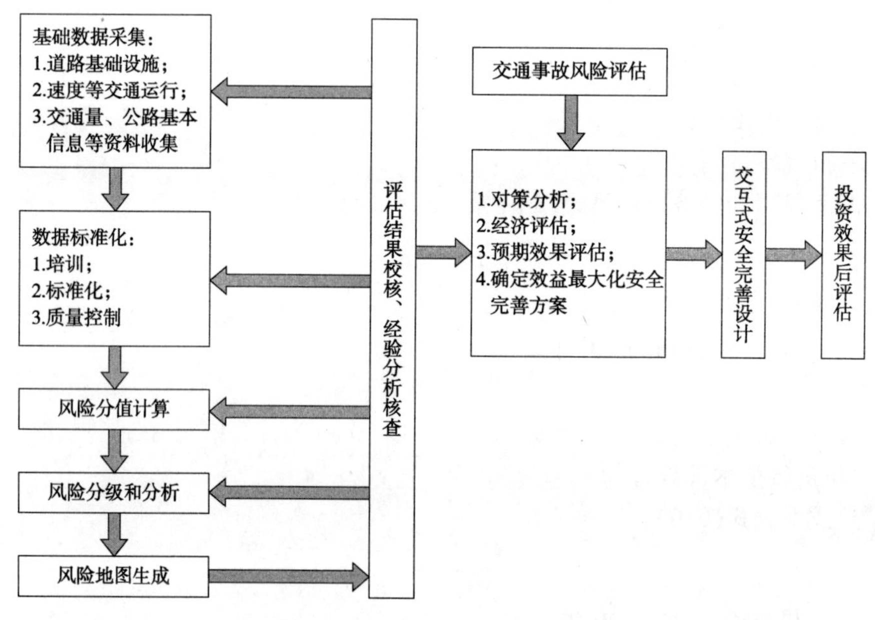

图3-5 公路风险评估流程和工作内容

在上述工作流程中，数据编码标准化具有非常重要的意义。因为数据的质量决定了最后评估的准确程度。另外，对于评估结果，加入专家经验审核，从而对结果进行保障。

3.5 高风险成因分析

对于分析出的高风险路段进行高风险成因分析，主要是基于风险评估计算模型，分析哪些公路条件对哪种类型的事故贡献比较大，作为安全完善策略制订时的依据。

3.5.1 A类路段

如图 3-6 所示,该路段线形比较顺直,路面质量较好,但是为上陡坡路段,坡顶处视距不良,且无硬路肩,又是穿村镇路段,接入口多,人员活动密集,既有标线已严重磨损,存在较多事故隐患,公路风险较高。

图 3-6 A类路段示例(1)

如图 3-7 所示,该路段线形顺直,且标有中心线,但是由于处于穿村镇路段,接入口多,人员活动密集,又是下陡坡,因此,公路风险等级较高,事故易发。

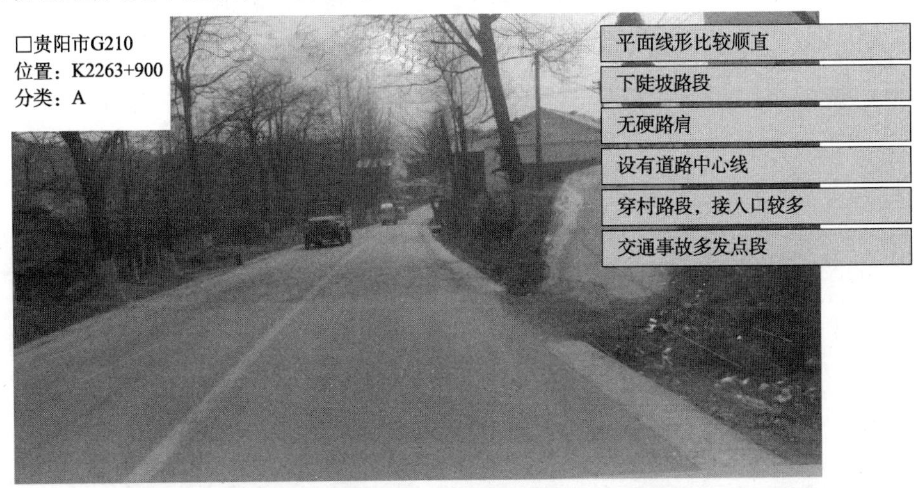

图 3-7 A类路段示例(2)

如图 3-8 所示,该路段为急弯、陡坡、穿村镇路段,未施画道路中心线,道路未设置硬路肩,路侧下边坡深度较大,此处为事故多发点段,公路风险较高。

如图 3-9 所示,该路段为小半径回头弯道,陡坡路段,未施画中心线,无硬路肩,且为穿村镇路段,人员活动密集,公路风险较高。

如图 3-10 所示,该路段为陡坡路段,视距不良,无道路中心线,无硬路肩,为交通事故多发点段,公路风险较高。

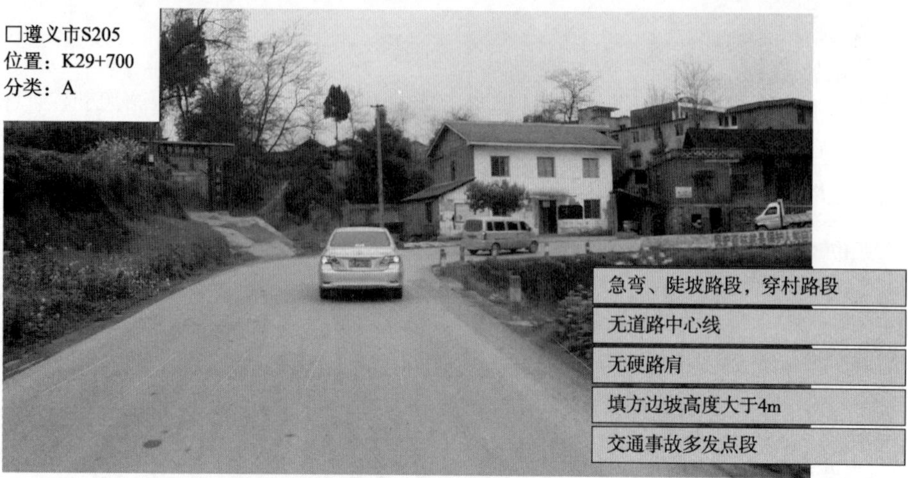

图3-8 A类路段示例(3)

图3-9 A类路段示例(4)

图3-10 A类路段示例(5)

3.5.2　B 类路段

如图 3-11 所示，该路段路面破损，反向弯路存在视距不良，为陡坡路段，道路中心线磨损严重，无硬路肩，为穿村镇路段，交通环境复杂，公路风险较高。

图 3-11　B 类路段示例(1)

如图 3-12 所示，该路段路面破损，反向弯路存在视距不良，为陡坡路段，道路中心线磨损严重，无硬路肩，公路风险较高。

图 3-12　B 类路段示例(2)

如图 3-13 所示，该路段路面质量良好，线形比较顺直，左侧有三肢交叉口，标志指示不规范，道路中心线磨损，无硬路肩，为穿村镇路段，交通组成复杂，人员活动密集，公路风险较高。

如图 3-14 所示，该路段为急弯下坡路段，存在视距不良，道路右侧临水，且边坡高差较大，无护栏，无硬路肩，公路风险较高。

图3-13　B类路段示例(3)

图3-14　B类路段示例(4)

第4章 风险评估基础数据采集和标准化

4.1 风险评估基础数据采集

根据公路风险评估技术需求，风险评估基础数据需要通过内业和外业两个途径进行收集。内业数据包括评估路网基本资料、交通量、交通事故等资料；外业数据包括带位置信息的公路视频、运行速度等，具体见表4-1。

风险评估基础数据 表4-1

数据类型		主要作用
内业数据	路线清单等基本资料	明确评估对象
	交通量数据	参与公路风险指标计算
	交通事故数据	参与事故风险指标计算
外业数据	带位置信息的公路视频数据	用于风险评估数据标准化，标准化数据参与公路风险指标计算
	运行速度数据	参与公路风险指标计算

4.1.1 内业数据采集

4.1.1.1 评估路网基本资料

评估路网的基本资料是明确评估对象的重要依据，主要包括评估路线清单以及公路地图。

评估路线清单通常是由公路管理部门直接提供，最好的清单方式是交通运输部统一规定的"公路路线基本情况明细表"方式，表中包含路线编号、路线名称、起止名称、起止桩号、里程长度、技术等级、车道数量、路面类型等基本信息，见表4-2。

路线地图宜获取包含所有路线的大版面布质地图，以方便后续外业调研和内业分析使用。

4.1.1.2 交通量资料

交通量在公路风险指标的计算过程中起着重要作用。交通量资料通常通过公路管理部门获取。获取的交通量资料通常呈现为交通运输部统一的交通量报表格式，见表4-3。

评估路线清单表示例

表 4-2

公路路线基本情况明细表

填报单位：× ×分局　　2014 年

路线代码		路线名称	路段起止名称		路段起止桩号		里程(km)	路段基本属性											修建改建		最近一次大中修年度	断链类型	是否城管路段	是否断头路段	收费路段性质	重复路段			养护管理里程			地貌		涵洞数量(个)	管养单位名称	省际出入口	备注
路线编号	所在行政区划代码		起点名称	止点名称	起点桩号	止点桩号		技术等级 代码	技术等级 等级	是否一幅高速	车道分类 代码	车道分类 分类	面层类型 代码	面层类型 类型	路基宽度(m)	路面宽度(m)	面层厚度(cm)	设计时速(km)	修建年度	改建年度						路线编号	起点桩号	终点桩号	养护里程(km)	可绿化里程(km)	已绿化里程(km)	代码	汉字				
G101	110113	京沈线	孙河桥	K31+370	16.270	31.37	15.1	11	一级	否	4	四车道	11	沥青混凝土	28	24	15	80	1975	2010		0	否	否	非收费			0	15.1	15.100	15.1	4	平原	165	××分局	0	

交通量资料 表4-3

（2014年路网交通量观测站日均车流统计） 单位：辆

公路编号	站点名称	代表起点	代表终点	行车方向	2014年度年平均日交通量（自然车流，未折算）
G42	分水观测站	K1491	K1519	双向	9592
G42	小周-云阳站	K1435	K1457	双向	7418
G42	垫江-周嘉	K1593	K1612	双向	10795

通过获取的原始交通量资料整理用于公路风险计算的交通量要素，见表4-4。着重强调每一交通量记录所表征的起点和终点桩号。

风险评估交通量数据表数据项 表4-4

序号	数据项	序号	数据项
1	省	6	起点桩号
2	市	7	终点桩号
3	县	8	年平均日交通量（辆/天）
4	道路名称	9	货车比例（%）
5	道路编号	10	摩托车比例（%）

4.1.1.3 交通事故数据

根据事故风险评估要求，事故资料应包含省、市、县、事故时间、事故桩号、道路方向（上、下行）、伤、亡人数、事故类型和车辆类型等信息，关键数据项见表4-5。

风险评估事故数据表数据项 表4-5

<table>
<tr><th>序号</th><th>数据项</th><th>序号</th><th colspan="2">数据项</th></tr>
<tr><td>1</td><td>省</td><td>14</td><td colspan="2">事故原因</td></tr>
<tr><td>2</td><td>市</td><td>15</td><td colspan="2">天气条件</td></tr>
<tr><td>3</td><td>县</td><td>16</td><td colspan="2">死亡人数</td></tr>
<tr><td>4</td><td>道路名称</td><td>17</td><td colspan="2">受伤人数</td></tr>
<tr><td>5</td><td>道路编号</td><td>18</td><td rowspan="6">事故车辆</td><td>货车</td></tr>
<tr><td>6</td><td>桩号（km）</td><td>19</td><td>专用车辆</td></tr>
<tr><td>7</td><td>经度</td><td>20</td><td>小客车</td></tr>
<tr><td>8</td><td>纬度</td><td>21</td><td>大客车</td></tr>
<tr><td>9</td><td>事故日期</td><td>22</td><td>轿车</td></tr>
<tr><td>10</td><td>事故时间</td><td>23</td><td>摩托车</td></tr>
<tr><td>11</td><td>事故类型</td><td>24</td><td colspan="2">行人</td></tr>
<tr><td>12</td><td>事故形态</td><td>25</td><td colspan="2">事故描述</td></tr>
<tr><td>13</td><td>方向</td><td>26</td><td colspan="2">备注</td></tr>
</table>

事故资料通常从公安交通管理部门获取。获取的原始资料部分事故地点信息中不包含桩号信息，针对该类数据应根据地名信息进行桩号对应转换。

4.1.2 外业数据采集

4.1.2.1 带位置信息的公路视频数据

位置信息主要指里程桩号、GPS 信息。带位置信息的公路视频数据,主要用于公路风险评估数据标准化处理,数据通过全线快速勘察获取。数据调查采用快速道路调研系统(FIRST)进行采集,系统硬件包括高清视频采集模块(调研通过吸盘固定于车体)、高精度 GPS 数据采集模块、惯性导航系统以及相应的供电设备。系统可以实现的功能包括:

(1)记录调研道路名称、编号、起终点桩号、调研时间等基础调研信息。

(2)采集路况高清视频(视频资料符合 H.264 标准)。

(3)与视频完全同步的 GPS 位置信息,GPS 定位数据满足 100m 风险评估单元的切分。

(4)获取调研路段的分段平曲线曲率以及纵坡数据。

(5)同步记录调研道路公路里程桩号(公路公里桩号是公路勘察、设计、建设、运营、养护和管理的重要定位信息)。

外业采集的基础数据,通过后续的数据预处理和桩号定位系统软件进行处理,如图 4-1 所示,为下一步数据标准化工作做准备。

图 4-1 带位置信息的公路视频示例

4.1.2.2 运行速度数据

运行速度数据参与公路风险评估指标计算,速度数值大小对公路风险指标值影响较大。采集公路运行速度信息时,可以根据实际情况,选用以下三种设备:雷达测速枪、气压管式交通调查仪和便携式路侧激光交通调查仪。

雷达测速枪的最大优点是非常便捷,适合于短时间内随机性的车速调查。其缺点是相较其他两种设备,测量精度低,而且测量时测量人员需要站在路边,如图 4-2 所示,对过往车辆的正常运行会产生一定的干扰。

气压管式交通调查仪的常用型号是 MetroCount5600(简称 MC5600),单台或者多台设备组合使用,可以采集各种情况下的交通数据。MC5600 的优点是能够采集的数据类型多,精度高,缺点是采集数据之前需要花费一定的时间进行安装。应用 MC5600 现场采集运行速度数据如图 4-3 所示。

图 4-2　应用雷达测速枪采集速度数据

图 4-3　应用 MC5600 采集双车道公路运行速度数据

利用 MetroCount5600 采集交通运行数据之前,应注意提前设置所采集地点的相关信息。在安装气压管时,应选择路面较平坦的位置,并注意保持气压管适当的松紧度,连接好气压管和路旁单元后,还应通过指示灯检查设备的工作状态。数据采集完毕后,应及时将数据导出,并关闭设备。MetroCount5600 采集到的数据,包含了每一辆车的行驶方向、通过时间、轴数、速度等数据。

路侧激光交通调查仪采用非接触方式安装在路侧,如图 4-4 所示,可采集交通流量、车速、车型等交通参数,其车型按轴距划分。由于该设备采用了非接触式技术,因此不需要在路上铺设传感器,从而增加了人员的安全性,同时也不需要封闭道路,适用于交通量大且车速较快的道路。

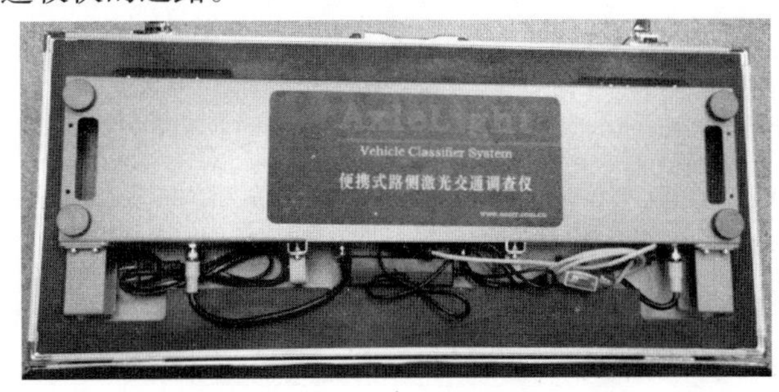

a)

b)

图 4-4　便携式路侧激光交通调查仪

4.2 风险评估数据标准化

风险评估技术涉及多种类、一定时间跨度的海量数据,其中包括公路线形、桥隧、交通工程及附属设施等公路基础设施性能指标、路侧物体种类以及距离等路域环境指标、交通量和运行速度等交通运行指标以及历史交通事故数据等。完备准确的数据,是得到正确风险评估分析结果的前提。各类数据的统一融合,是分析的基础。将图像、数值、文字等各类信息,按规则进行标准化处理,是关键的工作步骤。

数据标准化是指将公路指标按照其对应的属性予以分类整理,数据标准化处理单元为100m,包括数据预处理、数据编码、质量控制等工作。数据标准化的目的就是得到风险评估分析所需要的、准确可靠的数据,为下一步工作做准备。该项工作中需要用到专业的处理软件,比如交通运输部公路科学研究院(北京中交华安交通科技有限公司)开发的一系列风险评估处理软件。

4.2.1 数据标准化预处理

数据预处理是指将调研过程中采集的各类数据进行初步处理,目的是为下一步数据标准化提供标准化资料。

数据预处理包括以下步骤。

4.2.1.1 整理数据

整理实地调研视频及其他记录,保证调研数据的完整性和正确性,去除冗余信息,调研日志表见表4-6。通过调研获得GPS信息,样例数据如图4-5所示,道路视频数据如图4-6所示。

调研数据采集记录表　　表4-6

序号	调研日期	起点时间	路线编号	起点桩号	对应视频号	对应位置	终点桩号	对应视频号	对应位置	测向	时长	路长(km)	地市	备　注
1	2015-5-11	9:15:37	G319厦成线	63.4	0006	0:08	133.1	40006	12:23	顺	1:23:38	69.7	漳州	K96-97施工改造
2		10:59:55	G319厦成线	133.1	0007	0:27	153.8	15238	10:19	顺	0:28:08	20.7	漳州	K137-K153施工改造中

id	rectime	latitude	longitude
1	2016-11-29 16:40:55.062	39.9649714501667	116.351954582833
2	2016-11-29 16:40:55.116	39.964971447	116.351954582333
3	2016-11-29 16:40:55.178	39.9649714438333	116.351954581833
4	2016-11-29 16:40:55.242	39.9649714405	116.3519545815
5	2016-11-29 16:40:55.301	39.9649714373333	116.351954581

图4-5　采集的GPS样例数据

图 4-6　采集的视频数据图像

4.2.1.2　格式转换并增加标注

由相关专业人员利用专业的软件，将位置信息和量测信息添加到图像（视频）上。根据采集的 GPS 数据、桩号信息以及视频数据，通过处理软件，合成为标准道路视频资料，如图 4-7所示。

图 4-7　道路桩号定位软件界面

4.2.1.3　显示图像（视频）

为了使编码人员和客户可以方便地看到处理后的调研数据，在编码软件中平铺并同步播放这些图像（视频），其中每个图像（视频）都可以放大查看细节。

4.2.2　数据编码

数据编码是数据标准化工作的重要组成部分，主要是指专业编码人员在数据编码系统中根据数据预处理得到标准化的视频和图片，按照编码手册的要求进行数据录入，目的是提供可以导入风险评估分析系统的结构化数据。

数据编码包括以下步骤。

(1)在数据编码正式开始前，系统中可以导入和修改模型，如图 4-8 所示，以满足项目的需要。按 100m 间距的位置数据及其与图像(视频)的关联，计算并导入数据编码系统。可以全部导入或逐条路导入，如图 4-9 所示。

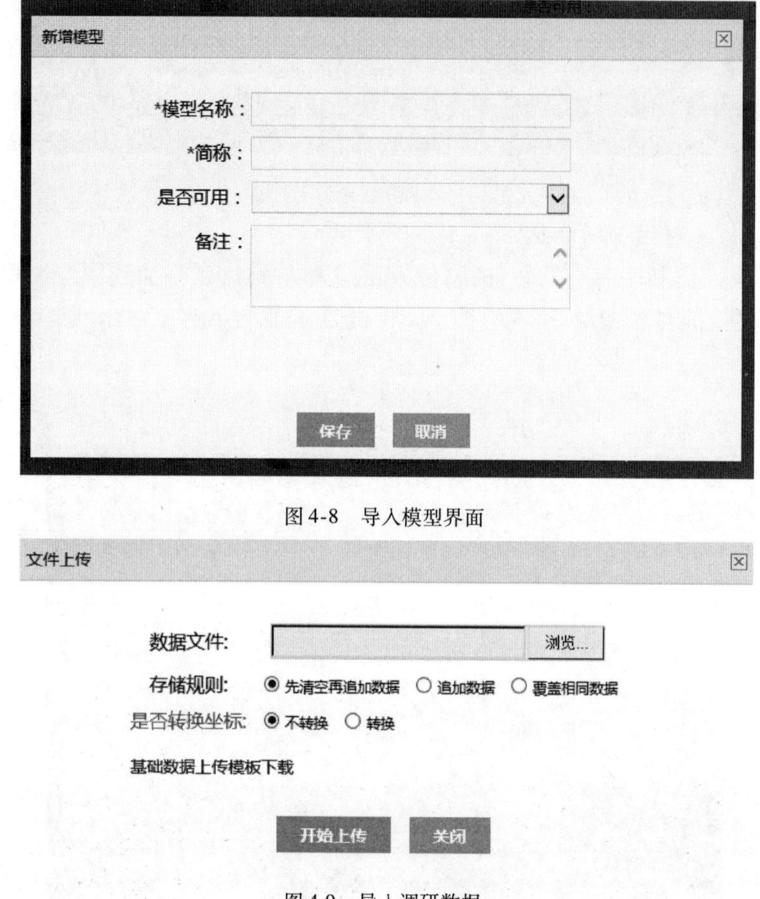

图 4-8　导入模型界面

图 4-9　导入调研数据

在数据编码界面中，项目中所有道路列在左侧道路列表中，通过选择道路列表显示对应的图像(视频)与编码数据。

图像(视频)与对应的编码数据能够同步播放(包括前进、后退)。编码数据按 100m 间隔导入系统并与图像(视频)关联，图片间距与量测信息方面，能够将调研数据采集的信息完整地展示出来，编码操作界面如图 4-10 所示。

图像(视频)信息展示分为平铺、单视频、全屏模式。在平铺模式能够同步播放多个视角的图像(视频)，使编码人员能够看到足够的角度，也能够通过放大展示视频细节，还可以通过双屏显示来提高工作效率。

属性列于界面右侧，所有属性的选项以下拉列表形式选择。

已记录数据列于界面下方，可以方便地浏览已记录数据，检查和修改属性。

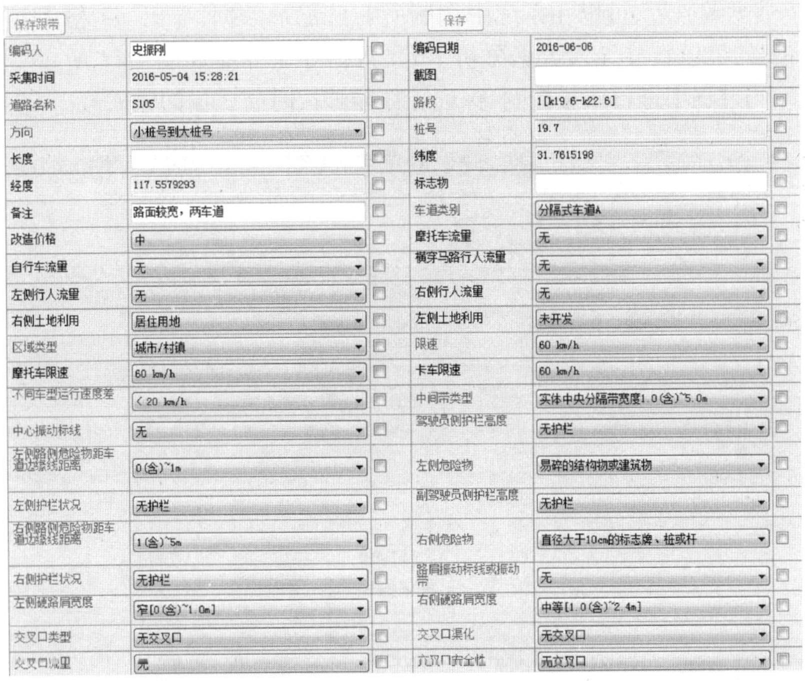

图 4-10　风险评估数据编码

(2)取一小段数据练习,使编码团队成员在编码系统中进行练习,操作界面如图 4-11 所示。对于当地情况有良好的了解,并在一些偏主观的属性上达成一致。要求数据编码系统稳定,功能完善,能够有效辅助数据编码工作。在编码过程中遇到的所有特殊情况都会记录 Q&A 文档,并针对这些情况进行充分地讨论,能够正确处理特殊情况。

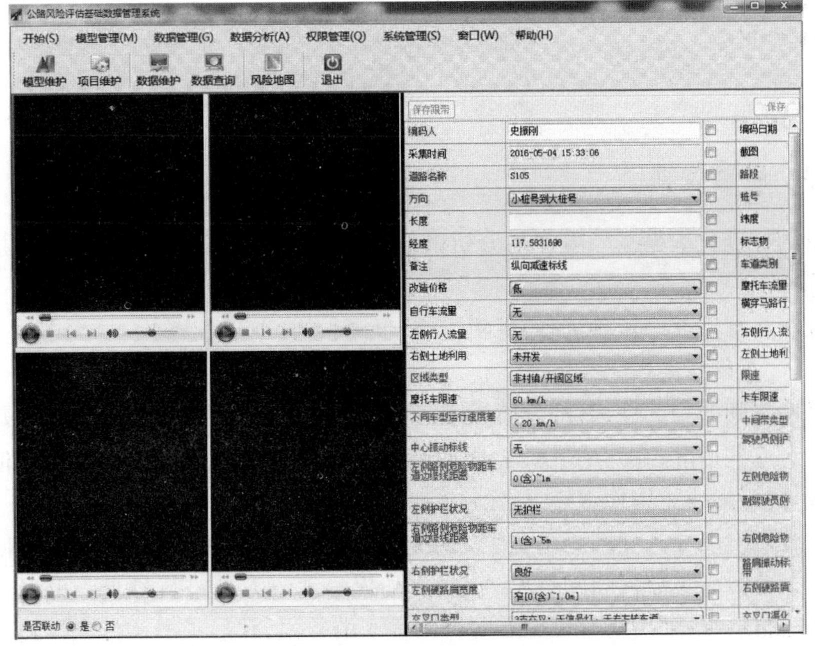

图 4-11　风险评估数据编码练习界面

(3)完成数据编码后,可以在系统中浏览所有已记录数据,导出 csv 格式数据。导出数据包含位置信息,可以直接导入数据分析平台,数据导出界面如图 4-12 所示。质量核查人员将在整个编码过程中进行质量控制,保证工作能够按时高质量的完成。

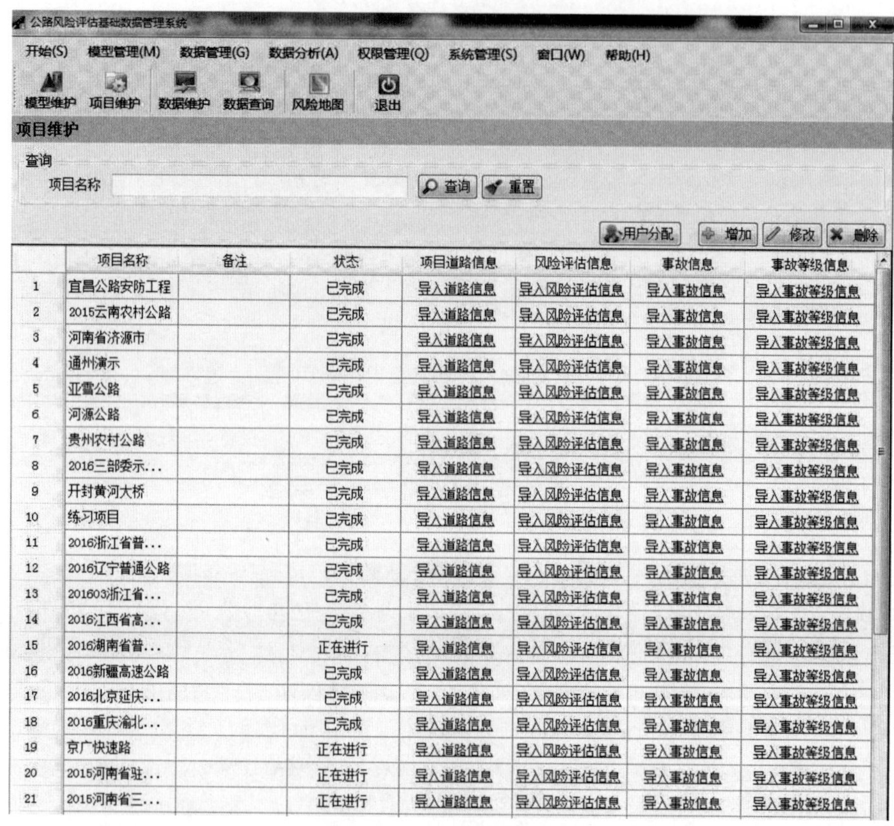

图 4-12 数据导入导出界面

4.2.3 质量控制

高质量的标准化数据是风险评估分析的基础,数据编码质量控制的目的就是确保数据编码的准确性。

质量控制将按照三个步骤进行:逻辑检查,地图检查,单点抽查。

4.2.3.1 逻辑检查

由于属性之间的相关性,有部分属性不可能同时出现,也有部分属性同时出现的可能性比较小。针对这些情况,在开始进行数据编码前,列出属性之间此类的关系,并根据当地情况进行增减,最终形成逻辑检查表,如图 4-13 所示。

逻辑检查表可以导入到编码系统中。在进行数据编码的过程中,当保存属性数据时,系统会自动检查是否满足数据间的逻辑关系,自动提示编码人员进行检查。也可以对所有已记录数据做逻辑检查,列出所有可能需要再次检查的数据,并显示提示信息。还可以统计并查看已记录数据的分属性统计列表并据此进行检查。

<table>
<tr><th>zuxh</th><th>biaods</th></tr>
<tr><td>1</td><td>([CarriagewayLabel]== 1 || [CarriagewayLabel]== 2) && (([MedianType] == 1) || [MedianType] == 2 || |</td></tr>
<tr><td>2</td><td>[CarriagewayLabel] == 3 && [MedianType]>5</td></tr>
<tr><td>3</td><td>[MedianType] == 10 && ([RoadsideSeverityPO] != 13 && [RoadsideSeverityPO] != 4)</td></tr>
<tr><td>4</td><td>[MedianType] == 9 && [RoadsideSeverityDO] != 12</td></tr>
<tr><td>5</td><td>[MedianType] == 12 && [RoadsideSeverityDO]!= 14</td></tr>
<tr><td>6</td><td>[IntersectionType] == 9 && [Roundaboutsize] == 5</td></tr>
<tr><td>7</td><td>[IntersectionType]!=13 && [IntesectionChannelization]==3</td></tr>
<tr><td>8</td><td>[IntersectionType]!=13 && [IntersectingVolume]==7</td></tr>
<tr><td>9</td><td>[IntersectionType]!=13 && [IntersectionQuality]==4</td></tr>
<tr><td>10</td><td>[IntersectionType]!=13 && [IntersectionLighting]==3</td></tr>
<tr><td>11</td><td>[Curvature] != 4 && [QualityofCurve] == 3</td></tr>
<tr><td>12</td><td>[PedestrianCrossIR] != 5 && [PedestrianCrossQuality] == 5</td></tr>
<tr><td>13</td><td>[PedestrianCrossIingR] != 5 && [IntersectionType] == 13</td></tr>
<tr><td>14</td><td>([VehicleParkingLeft]!=3||[VehicleParkingRight]!=3)&&[VehicleParkingOccupy]==3</td></tr>
<tr><td>15</td><td>[ShoulderRumble] == 2 && ([PavedShoulderLeft] == 1 || [PavedShoulderRight] == 1)</td></tr>
<tr><td>16</td><td>([Delineation]==3 || [Delineation]==4)&&([PavedShoulderLeft] == 1 || [PavedShoulderRight] == 1)</td></tr>
<tr><td>14</td><td>[CarriagewayLabel]== 3 && ([IntersectionType] == 11 || [IntersectionType] == 12)</td></tr>
<tr><td>15</td><td>[SidewalkProvisionLeft] == 5 && ([RoadsideSeverityDO] != 12 && [RoadsideSeverityDO] != 13 && [Roadsi</td></tr>
<tr><td>16</td><td>[SidewalkProvisionRight] == 5 && ([RoadsideSeverityPO] != 12 && [RoadsideSeverityPO] != 13 && [Roads</td></tr>
<tr><td>17</td><td>[FacilitiesForBicycles]!=1 && [BicycleLaneWidth]==3</td></tr>
<tr><td>18</td><td>[FacilitiesForBicycles]!=1 && [BicycleLaneLoc]==4</td></tr>
<tr><td>19</td><td>[AreaType] == 1 && (([LandUseLeft] == 1 || [LandUseLeft] == 2) && ([LandUseRight] == 1 || [LandUseRi</td></tr>
<tr><td>20</td><td>[RoadsideSeverityDD] == 1 && [PavedShoulderLeft] > 2</td></tr>
<tr><td>21</td><td>[RoadsideSeverityPD] == 1 && ([PavedShoulderRight] > 2)</td></tr>
<tr><td>22</td><td>([FacilitiesForBicycles]!=1 && [IntersectionType]!=13) && [FacilitiesForBicycleIntersect]==1</td></tr>
<tr><td>23</td><td>([FacilitiesForBicycles]!=1 && [IntersectionType]!=13) && [BicycleLaneWidthIntersect]==3</td></tr>
</table>

图 4-13　逻辑检查表

4.2.3.2　地图检查

编码系统可以按单属性导出地图并与卫星影像对照检查,如图 4-14 所示,检查结果示例见表 4-7。

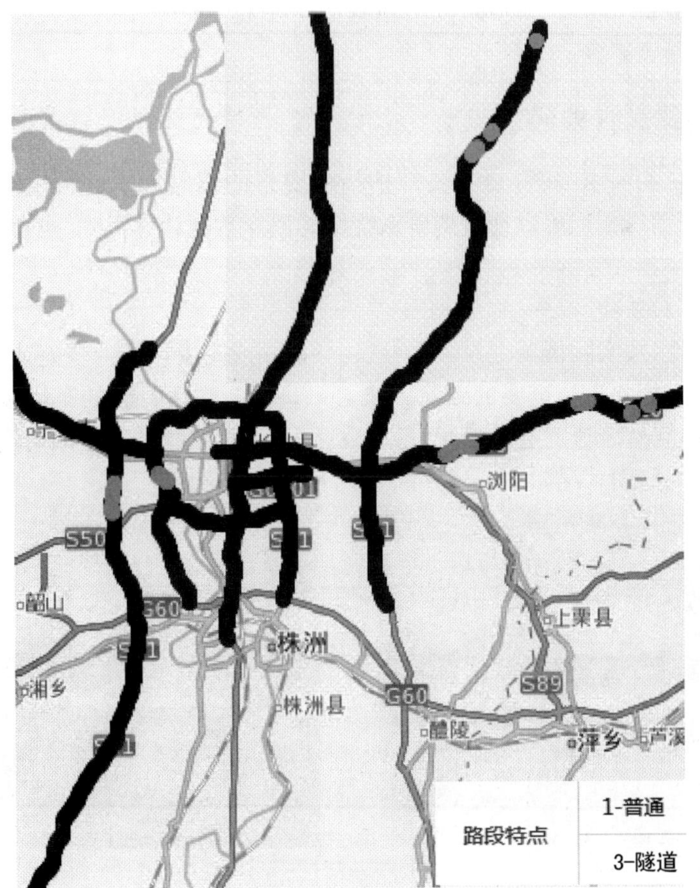

图 4-14　地图检查

部分地图检查结果示例 表 4-7

属　性	描　述	检查结果
道路类别	在地图上检查,对于分隔式车道,如果车道 A 与车道 B 相同	√
中分带类型	在地图上检查,对于分隔式车道,如果车道 A 与车道 B 相同	√
区域类型	在地图上检查,对于分隔式车道,如果车道 A 与车道 B 相同	√
土地利用	在地图上检查,对于分隔式车道,如果车道 A 与车道 B 相同	√
道路弯曲程度	在地图上检查,对于分隔式车道,如果车道 A 与车道 B 相同	√
限速	在地图上检查,对于分隔式车道,如果车道 A 与车道 B 相同	√
车道数	在地图上检查,对于分隔式车道,如果车道 A 与车道 B 相同	√
车道宽度	在地图上检查,对于分隔式车道,如果车道 A 与车道 B 相同	√

4.2.3.3　单点抽查

在数据完成上述两个检查后,由编码质量核查人员抽查,采用科学的抽样方法,将所有数据覆盖到。

4.2.3.4　结果检查

将数据导入分析平台进行初步计算,根据团队交通安全专家意见,找出不合理位置,再次检查数据编码是否正确。

4.2.4　道路属性编码

根据风险评估的需求,将部分主要评估指标要素的编码规则进行说明。其中,平面线形、纵断面和横断面等指标可以通过调研系统中的惯导数据计算得到,也可以通过设计资料获得。

4.2.4.1　路面条件

路面质量属性,按实际情况记录为良好、轻微破损或重度损坏。较差或者差的路面状况对于高速行驶的车辆而言是重要的致险因素之一,例如,高速行驶的车辆碾压路面坑槽时,易发生轮胎爆裂;突然减速躲避坑槽时,易导致后车追尾;变线易发生同向剐擦或侧碰、侧滑或侧翻事故。不同路面状况如图 4-15 ~ 图 4-17 所示。

a)

b)

图 4-15　路面状况好

a)

b)

图 4-16　路面状况中

a)

b)

图 4-17　路面状况差

4.2.4.2　隧道照明条件

隧道内照明亮度对隧道内的行车安全有较大影响，主要体现在亮度较低容易增加驾驶人的疲劳程度（通常体现在驾驶人的眨眼次数增加）。按照隧道入口段、中间段、出口段分别考虑（中间段只有基本照明，入口段和出口段应增加加强照明），以一个停车视距为评估指标，能够清晰看清一个以上（不含一个）停车视距内的所有物体的情况表示亮度充足，能够清晰看清一个停车视距内的所有物体的情况表示基本充足，否则为亮度不足。需要说明的是，隧道亮度检测应是一项需要采用亮度计等专业设备进行精确检测的一项业务，是否满足规范要求，需要检测后通过定量的数据予以说明。这里仅从满足最基本安全要求，定性地通过观测给出初步的观测结果（而非检测结果）。

通常，隧道入口段和出口段亮度不足主要体现在以下两种情况：

（1）隧道出入口路段平面线形为直线或大半径曲线且照明明显不足。

（2）隧道出入口路段平面线形为小半径曲线且无隧道加强照明。

根据《公路工程技术标准》（JTG B01—2014）、《公路隧道设计规范第二册交通工程与附属设施》（JTG D70/2—2014）以及《公路隧道照明设计细则》（JTG D70/2-01—2014）等现行设计规范，对于高速公路隧道长度 $L \leq 100$m 的任何隧道以及 100m $< L \leq 200$m 的非光学长隧

道，无需设置照明。对于此类隧道，均认为隧道亮度基本充足，但隧道内的轮廓标等诱导设施明显不足时，认为亮度不足；隧道内亦设置了照明，则认为亮度充足。不同隧道亮度的示例如图 4-18 ~ 图 4-28 所示。

a)

b)

图 4-18　隧道亮度充足的短隧道(设有照明)示例

a)

b)

图 4-19　隧道亮度基本充足的短隧道(未设照明)示例

a)

b)

图 4-20　隧道入口段亮度充足示例

a)　b)

图 4-21　隧道入口段亮度基本充足示例

a)　b)

c)　d)

图 4-22　隧道入口段亮度不足示例

a)　b)

图 4-23　中间段亮度充足示例

a)

b)

图 4-24 隧道中间段亮度基本充足示例

a)

b)

图 4-25 隧道中间段亮度不足示例

a)

b)

图 4-26 隧道出口段亮度充足示例

a)

b)

图 4-27　隧道出口段亮度基本充足示例

a)

b)

图 4-28　隧道出口段亮度不足示例

4.2.4.3　路肩振动标线

路肩振动标线可以起到提醒驾驶人注意车道边缘、驶回车道的作用。风险评估编码中，需要观察路面是否存在该类设施，并记录其状态为有或无，如图 4-29 和图 4-30 所示。

图 4-29　无路肩振动标线，为普通车道边缘线

图 4-30　右侧设有路肩振动标线（振动标线形式）

4.2.4.4　路侧物体

风险评估编码中，将路侧可能对行车路线或车辆安全产生影响的，均称作路侧物体，包括各类护栏、广告大屏的支柱、路树、防护网、挡墙、信号灯、灯杆、龙门架的立柱、警示桩、边坡、大石等。编码工作中，需记录下路侧物体种类以及其距离车道边缘线的距离，如波型梁钢护栏，距离 1m。这里给出部分物体的示例，如图 4-31 ~ 图 4-41 所示。

图 4-31　波型梁钢护栏

图 4-32　混凝土护栏

图 4-33　缆索护栏

图 4-34　垂直山体

图4-35 上边坡(≥75°)

图4-36 下边坡(>15°)

a)

b)

图4-37 邻水邻崖

图4-38 直径大于10cm的树

图4-39 深排水渠

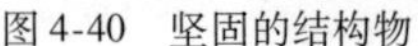

图 4-40　坚固的结构物

图 4-41　直径大于 10cm 的标志杆、灯柱

4.2.4.5　限速

所有在路上有实际限速标志标记的限速都应被记录，不同路段一般设有相应的限速标志，如图 4-42 所示。

图 4-42　不同限速标志的路段图像

4.2.4.6　视距

驾驶视距是能够安全、舒适地驾驶所需的道路可视长度。良好的设计，应该能使得在主路、辅路的车辆驾驶人均能够及时察觉周边的车辆、行人等，避免造成事故。视距一般可以通过设计资料获得，不良视距的路段如图 4-43 所示。

a)

b)

c)

图 4-43　视距不良示例

4.2.5　其他注意事项

为了通过数据收集和编码获得高质量的数据，必须遵从以下步骤：

(1)编写属性的编码员姓名必须记录下来。这些信息是为了追踪更正数据中的任何不一致的地方。

(2)编码人员必须对一段道路负责，确保道路编码的一致性。

(3)在数据编码过程中必须定期备份。

(4)在完成道路编码的过程中，每条道路的数据必须有独立的编码人员进行校对，任何错误、不一致的地方需要更正记录。编码小组应集体复核数据，以保证编码过程中数据的一致性。

第5章 对策分析

5.1 对策处理原则

安全改善对策应依据实施路段的高风险成因，并结合历史事故形态有针对性地选取，最大限度地保证对策的有效性。

针对基础设施进行安全完善的主要目的，是最大限度地减少交通参与者犯错误的可能性，进而减少事故发生的可能性和减轻事故发生后的严重程度，对于由于故意性违法行为(如逆向行驶、闯红灯等)的防护不在考虑范围内。

5.2 主线安全对策

5.2.1 同向行车安全对策

同向行车安全性较差路段的高公路风险成因主要有路段存在连续上坡、视距不良、穿村路段、交叉口、出入口路段等特征。

同向行驶的车辆间，主要的事故形态为尾随相撞或同向剐蹭。尾随相撞事故发生的主要情形有：

(1)车速差较大的路段，小客车在同一车道内追尾大货车。

(2)视距不良的弯道路段，过快的后车追尾弯道后的慢车或静止车辆。

(3)横向干扰大路段，前车为避让横过公路的交通参与者而紧急制动导致后车追尾。

(4)交叉口处，车辆突然减速变道导致后车追尾。

(5)出口路段，车辆突然减速变道或入口路段车辆车速未提至主线车速变道，导致后车追尾等。

同向剐蹭事故发生的主要情形为车速差较大路段，车辆并线行为频繁导致同向剐蹭。

主要对策分析包括：

(1)针对速度差较大路，段应通过速度管理措施减少速度的离散性。

(2)针对视距不良的弯道路段，应采取改善视距、完善线形诱导等措施。

(3)针对横向干扰较大的路段，应采取能够清晰路权、减少交通冲突的措施。

(4)针对交叉口路段，应采取优化交叉口路段指路标志、完善交叉口渠化等措施。

5.2.2 对向行车安全对策

对向行车安全性较差路段的高公路风险成因主要有路段存在视距不良、缺少对向行车安全设施（对向车道分界线、隔离设施或中分带护栏等）、车速较高路段的中分带护栏防护等级较低等特征。

对向行驶的车辆间，主要的事故形态为正面相撞或对向剐蹭。正面相撞事故发生的主要情形有：

（1）车速差较大的路段，后车借道超车的过程中与对向车辆发生正面碰撞或对向剐蹭。

（2）在无中分带或无对向车道分界线的路段，对向车辆直接相撞或剐蹭。

（3）车辆由于失控或躲避障碍物，冲破中分带与对向车辆发生正面碰撞。

主要对策分析包括：

（1）针对速度差较大的路段，应通过速度管理措施减少速度的离散性。

（2）针对无中分带或无对向车道分界线的路段，应根据实际情况设置中分带或对向车道分界线。

（3）对于存在中分带被车辆多次冲破的情况，应酌情应用具有防撞性能的护栏替代原有的中分带隔离设施。

5.2.3 弱势交通参与者保护对策

弱势交通参与者安全性较差路段的高公路风险成因主要有路段存在穿村镇、校区等特征。

在穿村镇、校区等路段容易发生剐撞行人、碾压等事故。剐撞行人或碾压事故发生的主要情形为交通弱者顺路而行或横过道路时被车辆剐撞或碾压。

主要对策分析包括：

（1）针对弱势交通群体被剐撞或碾压的路段，从纵向上应采取机非隔离措施或速度管理措施。

（2）从横向上应采取人行天桥（或人行地下通道）、人行横道、安全岛等措施对弱势交通群体进行保护。

5.3 路侧安全对策

路侧安全性较差路段的高公路风险成因主要是路侧净区内存在障碍物。路侧净区是指由车道边缘线开始向路外延伸的平缓、无障碍物区域。路侧净区为冲出路外车辆提供了充分的安全保证，驶入净区内的车辆一般不会在边坡上发生翻车，也不会与危险物发生碰撞，即便是不可避免地与危险物发生碰撞，仍应保证碰撞的后果最轻。

（1）常见的路侧净区内障碍物：

①高于10cm的坚硬物体（如路桩、树桩、孤石等）。

②陡于1∶3的边坡。

③不可穿越的纵向排水设施（边沟）。

④不可穿越的横向排水设施(如未作处理的涵洞口、突出的横向排水管、涵洞或小桥立墙等)。

⑤直径大于 10cm 的树木。

⑥路边设施杆/柱(如交通标志杆、电线杆、通信杆、大型广告杆柱等)。

⑦非标准护栏(如示警桩、挡块、挡墙、未作处理的护栏端头等)。

⑧水体(如河流、湖泊、池塘等)。

⑨桥梁、桥墩。

⑩缺乏防护的隧道洞口端墙。

⑪净区内违章建筑物。

⑫粗糙、坚硬的岩壁等。

(2)路侧事故。

车辆驶出路外主要的事故形态为撞固定物、翻车、坠车等。路侧事故发生的主要情形有:

①车辆直接驶出路外。

②车辆在主路范围内与其他车辆或物体碰撞失控后驶出路外。

(3)主要对策分析包括:

①针对路侧事故的防范,从基础设施层面应将行车道边缘线采用振动标线,最大限度地保障路侧净区空间。

②如果路侧净区内存在坚硬物,且驶出路外的车辆与之碰撞的可能性较大并能够导致伤害事故的发生,可按以下的优先顺序采取对策。

a. 移除:如果危险物能够被移除的话,宜采用该对策,这是处置危险物最为根本的办法。

b. 再设计:如果危险物不能够被移除,但通过新的设计方案可消除危险物的安全隐患。

c. 移位:危险物虽然不能被移除,但可将其移至距离行车道更远的地方,减小驶出路外车辆与其碰撞的可能性。

d. 解体消能设施/装置:如果危险物不能被移除,也不能被移至更远的地方,可考虑采用解体消能设施或装置,来降低车辆与其碰撞的严重性。

e. 防护:如果危险物连续分布,采取上述对策不经济时,可考虑对危险物进行防护。

f. 标识危险:受改善资金或其他条件限制时,有时候设计人员不得不采取折衷的方案,在一定程度上承担事故风险,仅采取标识危险物的简单对策。

5.4 交叉口和接入口

交叉口和接入口处主要存在两类安全风险因素:一是视距不足,在视距通视三角区范围内,驾驶人视线被房屋、山体、树木或其他障碍物遮挡,无法看到交叉点和相交道路上的行车情况,易发生车辆对撞或碰撞行人等事故。二是线形不良,交叉口位于小半径弯道路段、交叉口位于陡坡或陡坡底部、相交道路以较大的纵坡与主线交叉等,主线驾驶人难以在短时间内发现交叉口的存在,也不能观察到相交道路的车辆情况。

交叉口和接入口处主要的事故形态为侧面相撞、剐撞行人、碾压等。侧面相撞事故发生的主要情形为,支路车辆由于路权不清晰或视线遮挡等原因,未让行主路车辆而发生侧面相撞;刮撞行人、碾压事故发生的主要情形为,车辆和行人之间由于路权不清晰或视线遮挡等原因,而相互之间未能及时发现对方,导致发生接触。

交叉口和接入口采取的主要措施包括完善交叉角度、标志标线、设置专用转向车道、改善视距、速度管理等措施,具体阐述如下。

(1)有条件时,宜结合养护计划,调整平面交叉及相邻路段线形。

①在斜交平面交叉口,驾驶人较难观察到对向交通流及穿行行人情况,可采取调整平面交叉次要公路引道线形使交叉角接近直角,以消除斜交导致的视距不足。当交叉角小于70°时,可通过对次要公路在交叉前后一定范围内作局部改线,使交叉角接近直角,如图5-1和图5-2所示。条件受限不能将斜交扭正为正交时,可将次要公路改线成间距大于40m的两个错位T形交叉,如图5-3所示。

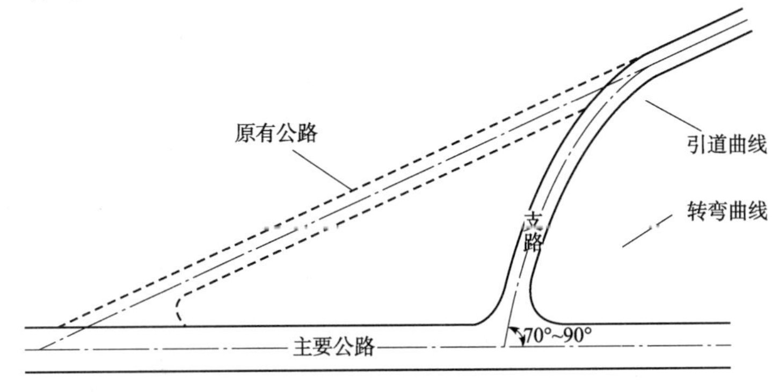

图5-1　交叉角优化方案示意

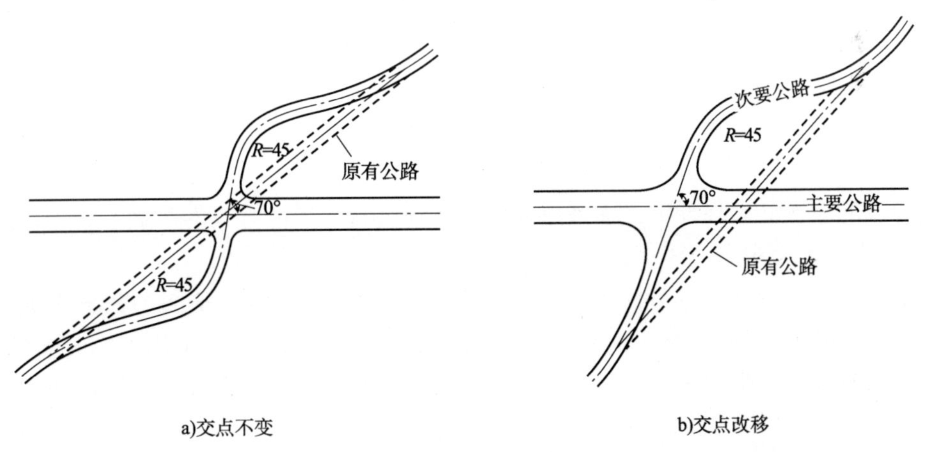

图5-2　十字交叉扭正方案示意(尺寸单位:m)

②当平面交叉位于凸曲线顶部附近或小半径弯道后方时,易产生停车视距不足,除采用标志、标线警示之外,有条件时可通过平面交叉移位、引道消坡、增加平曲线半径等措施,保障停车视距。

③通过合并支路、改线、移位等方式将四支以上交叉改为四支交叉,避免错位交叉和畸形交叉。

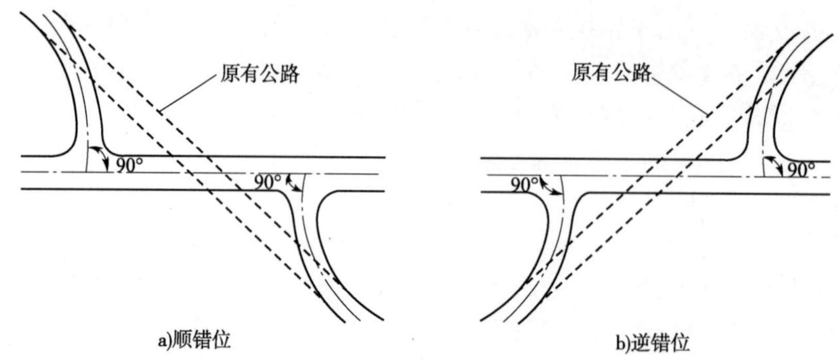

图 5-3　改为错位 T 形交叉方案示意

④平面交叉次要公路宜以直线或不设超高的大半径曲线接入主要公路，不满足此条件时，宜调整曲线半径或改变接入点位置。

⑤在交叉范围内公路纵坡宜在 0.15% ~3% 的范围内；超过此范围时宜调整纵坡或对交叉点进行移位。

(2)通视三角区内存在树木、房屋、土丘、山体及广告牌等，遮挡视距时，可采用“清、移、疏、防”四个原则进行改善。

①“清”：有条件时清除通视三角区内的通视障碍物，如土丘、山体、废弃物等。

②“移”：有条件时将通视三角区内的通视障碍物移至通视三角区之外的位置，如树木、房屋等。

③“疏”：通过修剪、整理，使通视三角区内的树木、绿化等不会影响到驾驶人观察相交道路的车辆运行情况。

④“防”：受条件限制不能进行清理、移除或整理改善视距的情况，宜通过警示、速度控制等方法，降低视距不良交叉口的风险程度。

(3)明确路权。明确并合理分配路权是解决交通冲突的关键措施。

①宜明确交叉口范围内所有交通冲突点的路权，为冲突交通流分配合理的优先通行次序，使得车辆能够安全顺畅的通过交叉口。每个冲突点只能有一股交通流具有优先通行权，其余交通流的车辆必须在冲突点前减速或停车避让具有优先通行权的车辆。在进行路权分配时，应优先考虑为主要公路交通流分配通行权。

②信号控制平面交叉口路权通过信号控制从时间上进行分配。在信号控制不能有效划分路权的局部区域，应通过设置停车让行和减速让行标志标线等路权分配设施明确路权。

③非信号控制的平面交叉口应先确定主要公路和次要公路，然后为主要公路分配优先通行权，对次要公路的交通实施减速让行或停车让行控制。

④在右转交通流与直行交通流汇流点的前方宜设置减速让行标志和标线，明确右转车辆让直行车辆。环行交叉口宜在交织环外侧入环位置设置减速让行标志和标线，明确入环车辆让行环内车辆。

⑤相交公路技术等级和行政等级相同时，应以高峰小时流量为依据确定相交公路路权，对流量较小的入口实施减速让行或停车让行控制。若相交公路流量较大，经通行能力分析采用减速让行或停车让行控制不能满足通行需求时，可考虑采用信号控制分配路权。

(4)完善渠化设施，完善标志标线。通过标志、标线、交通岛明确交叉口路权、规范行车轨迹、分离交通冲突点、进行必要的警示和提醒等。

①合理设置左转弯专用道。左转弯交通流在平面交叉中涉及冲突较多,合理的左转弯专用车道设置可降低交通冲突风险。左转弯车辆较多的平面交叉口,在制定设计方案时可优先考虑增设左转弯专用车道。

②合理设置交通导流岛。交通导流岛是平面交叉主要的渠化设施,合理设置交通导流岛有利于规范车辆行驶轨迹,减少交通冲突,同时可为其他设施设置和行人穿行提供较安全的空间。面域较大的平面交叉、事故较多需要规范车辆轨迹和冲突点的平面交叉、行人较多且穿行距离较长的平面交叉,可根据需要合理设置交通导流岛。

③完善渠化标志标线。完善的标志、标线设计有利于及时、正确引导车辆通过平面交叉。在穿村镇路段或行人较多的平面交叉,设置人行横道,当人行横道长度大于16m时,在人行横道中央设置行人二次过街安全岛。人行横道前宜设车辆停止线,必要时可在其前的路段上设预告或警告标志。设置符合标准规定的导向箭头。在停车让行或减速让行控制平面交叉的次要公路入口设置停车让行或减速让行标志标线,必要时设置强制减速设施。在平面交叉右转交通导流岛分流端设置两侧通行的交通标志。在车辆容易从交通导流岛分离的右转道出口进入时,在交通导流岛上设置禁止驶入标志。在面积较大或者形状不规则的平面交叉口内设置转弯导流线。出入口直行车道位置不对应时,设置直行车道导流线等。

(5)速度控制。根据实际情况在支路路口设置物理减速设施和相应的标志标线,强制支路车辆在汇入干路之前减速。有事故记录的无信号控制平面交叉口和人行道口,可在其前适当位置设置黄闪灯,急弯且视距不良路段存在平面交叉口时,宜设置黄闪灯。

5.5　重点路段综合整治

5.5.1　综合整治措施

不论是公路基础设施条件,还是事故的发生原因,都需要综合考虑,由此确定安全完善措施时,要进行综合整治。可以考虑采用的主要措施见表5-1。针对不同类型的道路以及存在的不同问题,应该综合实际实施路段的条件、当地的资金投入预算、实施后的投入效益比等多方面因素,采用相应的措施以完善道路安全性。

可采用的对策措施　　表5-1

改善措施类型	应用示例
线形改善: 线形改善改变了道路长度,降低总体的潜在风险,特别是减少弯道数量(采用隧道)或者降低陡坡坡度,减少车辆操控失灵和对撞事故的风险	

续上表

改 善 措 施 类 型	应 用 示 例
 交通标志和标线： 交通标志和标线是阐述道路基础设施条件的交通语言，对提高道路安全性有极大的作用	   
安全护栏： 在路侧险要路段设置护栏，或采用新的混凝土护栏和波形梁护栏替换老旧、不达标的护栏可降低交通事故中死亡和重伤的风险	
护栏端头： 相较传统的护栏端头，新型护栏端头能吸收碰撞能量	
车道加宽： 整条道路的车道宽度将扩展到3.5m。拓宽弯道处的车道，能够为对向车道提供多余空间以降低车辆正面碰撞的风险	

续上表

改善措施类型	应用示例
路面改善： 平整的路面增加了行驶的稳定性，车辆不因避让路面坑槽等改变行驶轨迹	
硬路肩： 硬路肩为驾驶人提供一定的路侧净空，还可以为非机动车或行人提供行驶空间	
线形诱导标： 沿着弯道外侧设置的线形诱导标可以为驾驶人驶入弯道后提供良好的视线诱导，并且协助车辆保持良好的行驶路线	
纵向振动带： 纵向振动带（同样也指隆起的车道标线或振动标线）的主要作用是：当驾驶人疲劳驾驶时，在冲出公路前要压到振动凸起边缘线，汽车使用者产生振荡摇晃并伴有轮胎与标线产生的声音，使驾驶人惊醒，调整方向，避免事故的发生	

续上表

改善措施类型	应用示例
防滑路面： 很多事故的主要原因是由湿滑路面造成的驾驶失控。增设防滑路面可以降低此类事故发生的可能性	
横向振动减速标线/减速带： 作为速度控制的一种措施，通过视觉或触觉（振动）方式诱导驾驶人减速，必要时可在低等级道路上采用减速丘或减速垄等强制性限速措施	
突起路标： 在夜间或低照明度时标识车道中心线、车道分界线、边缘线等，降低车辆正面和侧面碰撞的风险。突起路标应设在车辆行驶轨迹区域外，频繁的碾压（尤其是重载货车的碾压）会损坏突起路标	
轮廓标： 轮廓标能够改善道路轮廓标线，尤其是在弯道处。轮廓标可附着在路侧护栏或路侧山体上，柱式轮廓标宜采用弹性好的 PVC 材料制造	

续上表

改善措施类型	应用示例
人行横道： 在交叉口处施画人行横道标线，可以降低行人过街风险	
爆闪灯： 爆闪灯可设置于特殊地点关键位置处（如长直线接小半径曲线路段、交叉口或接入口处等需要减速通过的路段），用于对驾驶人进行警示。设置于主路时，应采用黄色，设置于交叉口的支路上时应采用红色	
隧道立面标记： 隧道口立面标记可以给进入隧道前的驾驶人以警示	
穿村路段处置措施： 穿村路段处置措施用于提示通过乡村区域需要减速。处置措施包括路宅分离、限速标志和标线以及其他指示设施（如交通岛、隔离设施）等	

续上表

改善措施类型	应用示例
公交停靠线： 公交停靠标志和标线为通过公交或班车站点的行人和自行车提供了安全空间	
盖板/碟形/三角形水沟： 能有效防止车辆驶入路侧沟渠	
村镇段人行道： 在村镇路段设置路侧人行道。彩色铺装突出了需要在村镇段减速慢行的特点	
公路、铁路平面交叉： 公路与铁路平面交叉时，需要设置完善的铁路道口标志标线、栏杆以及信号灯等设施	

续上表

改善措施类型	应用示例
路宅分离： 路宅混合区是危险区域，过境交通和沿线居民的日常交通出行的相互干扰会产生交通隐患	
错车道： 在交通量较大的单车道公路上，需要提供足够数量和足够长度的错车区域	

5.5.2 典型措施实施示意

5.5.2.1 A 类路段

A 类路段为高风险路段，根据高风险致因，选择有针对性的对策措施，部分 A 类典型路段及处理措施如图 5-4 ~ 图 5-10 所示。

图 5-4 A 类路段实施措施示例(1)

图 5-5 A 类路段实施措施示例(2)

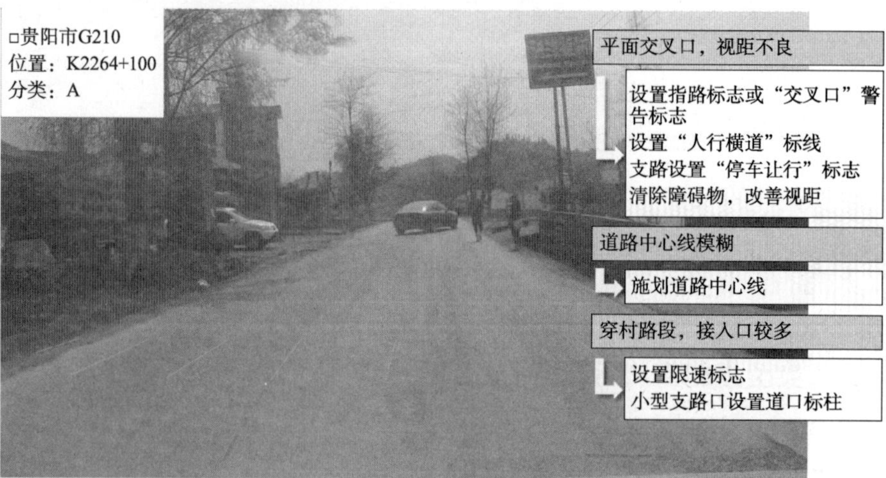

图 5-6 A 类路段实施措施示例(3)

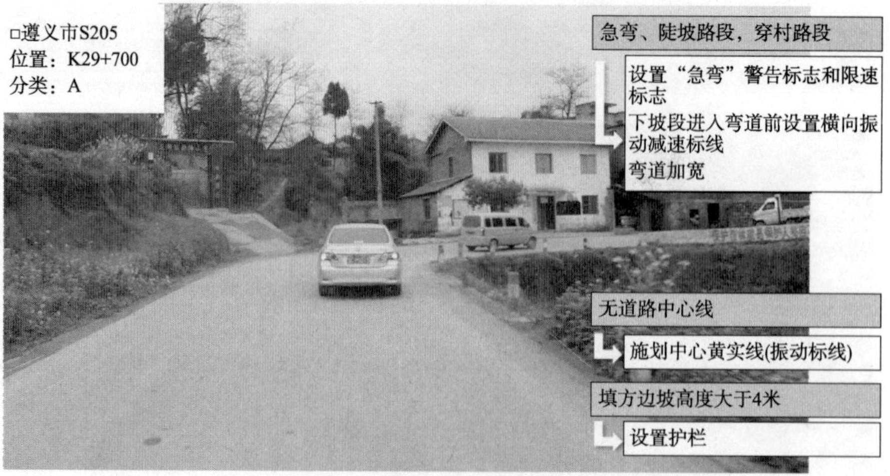

图 5-7 A 类路段实施措施示例(4)

图5-8 A类路段实施措施示例(4)

图5-9 A类路段实施措施示例(5)

图5-10 A类路段实施措施示例(6)

5.5.2.2 B 类路段

B 类路段为道路高风险路段,部分 B 类典型路段及处理措施如图 5-11 ~ 图 5-16 所示。

图 5-11 B 类路段实施措施示例(1)

图 5-12 B 类路段实施措施示例(2)

图 5-13 B 类路段实施措施示例(3)

图 5-14 B 类路段实施措施示例(4)

图 5-15 B 类路段实施措施示例(5)

图 5-16 B 类路段实施措施示例(6)

第6章　风险评估安全完善措施实施、监测和评估

6.1　公路风险评估安全措施实施

基于风险评估的安全完善策略分析旨在甄别能够有效降低风险且费用适中的改造策略，以此来预防造成死亡和严重伤害的交通事故。考虑公路风险评估等级评估路段划分情况，对策分析可针对每100m路段开展，也可根据基础数据的细致程度，进行单元选择。基于公路风险的成因分析，从安全完善的对策库中选择完善策略，其中既包括低成本的标线等设施，也包括成本较高的改线等土建措施。本书的安全完善措施实施、监测和评估工作，主要基于新西兰乡村高风险道路手册和我国公路安全生命防护工程实施经验。

6.1.1　安全完善计划编制

根据风险评估结果、高风险成因以及确定的对策情况，基于管理单位资金的投入计划等情况，编制安全完善实施计划，以指导实际的安全完善工作。

(1)实施路段的空间位置。

基于事故风险、公路风险和综合分析等进行对策分析，首要任务是确定目标公路的安全措施实施位置，以针对不同风险等级的路段的公路和交通情况，确定相应的安全完善方案。

(2)高风险路段主要道路和交通原因。

基于风险评估结果，确定导致高风险的道路因素；基于实地调研及历年交通数据，确定导致高风险的交通因素。

(3)拟采取的措施情况。

针对前期判断得到的各项高风险成因，从可用的安全完善方案中选取有针对性且符合实际道路条件的措施，尽可能地降低甚至消灭存在的安全隐患。

(4)造价估计。

基于选取的安全措施方案进行方案的造价估计，与项目规划资金进行比对，考虑是否对措施方案进行相应的调整。

6.1.2　交互式公路安全设计

交互式公路安全设计的目的是在设计阶段即综合考虑风险评估的高风险成因分析结果和对策计划，并对设计方案进行风险评估，以评估其是否达到预期的安全完善目标。这个过

程是与设计人员共同、交互工作的过程。在这个过程中，既体现了设计人员的设计经验，又充分考虑了风险评估的定量支持。

具体说，主要是针对设计方案，按实施对策后的情况进行风险评估，以评估是否接受该设计方案，如不满足需求，则修改设计方案，再次进行风险等级计算分析，直至得到满意的设计方案。该流程有效地利用了风险评估工作，基于道路属性编码的工作，通过风险评估模型计算安全措施实施前后的道路风险值，进行安全性对比，在实际工程实施前将设计方案调整至最优。

6.2　监测和评估

监测和评估是衡量不同安全完善项目实施过程和效果的重要方法，这对于安全完善计划的落实和完善十分重要。监测和评估的具体内容如下。

(1)监测：包括项目过程评估以及在项目期间收集数据，可以是在之前、期间和之后收集结果进行评估[72]。

(2)评估：分析监测结果，并确定所使用的安全措施的结果和有效性[73]。

监测和评估工作包括两类不同的水平：

①监测和评估总体方案或总体计划的有效性。

②单独监测和评估构成总体方案或计划的具体情况。

监测主要是在实施周期内，通过数据收集和分析，确定安全问题是否得到有效的改善。一般情况下，监测的周期短于评估周期，是评估的中间阶段。

6.2.1　目的

对于既有公路安全完善措施实施后的总体安全效果和措施有效性进行评价，监测和评估数据的收集可帮助确定安全问题是否得到改善，评估投资效率和项目目标实现情况，总结实施经验和教训，为其他项目的不断完善提供支持。

6.2.2　监测内容

对特定工作进行有效评估的关键是确保能够在项目期间将评估所需的数据收集完整，并且确保员工不会为了知道工作是何时完成以及什么工作已经完成这样的问题，而面临回头查看项目文件这样的艰巨任务。解决这一问题的最佳办法就是确保项目开始时加强项目监测，可考虑将提供监测数据作为项目合同、内部服务协议或工程任务计划的一部分。

项目监测工作在项目开展期是日常进行的，对于公路安全措施实施工作进行期间的监测工作，主要包括事故数据的变化情况监测以及措施有效性的监测。监测工作进行中，需要认识到安全措施工作的实施是为了减少道路风险，而不是处理记录中的历史事故。

6.2.3　评估内容和要求

评估一般分为两类，分别是项目常规评估和安全设施有效性等技术评估。

项目常规评估宜在工程实施完成后逐年进行，一般持续两年及以上。重点设施有效性评价可针对一些新型设施或设施组合单独开展,可在安全设施施工完成后1年内进行。

良好的评估工作可以支持未来道路安全改善计划的完善,通过评估工作的有效进行,确定措施实施工作的不足之处,才能真正实现安全工作的有效性。

6.2.4 评估方法

工程效果评估可综合应用实施前后对比法、投入产出分析法、满意度调查法等多种方法。根据评估需要,在项目或工程实施前、实施中及实施后的各个阶段进行良好的数据和资料采集是实施评估的关键[74]。

评估是确认单一类型措施有效性的必要方法。完整的评估有助于安全系统未来实施工作的有效进行。以下是目前通用的交通研究评估的三种主要类型[72]:

(1)期间观察研究(OCS)。

(2)前后对比观察研究(OBAS)。

(3)前后对比实验研究(EBAS)。

表6-1给出三种评估方法的区别以及适用情况等。

几种研究的差异　　表6-1

描　　述	研　　究　　类　　型		
	OCS	OBAS	EBAS
描述	比较同一地点有无安全措施的区别,通常在同一时期	比较同一地点措施实施前后情况;措施选择逻辑在研究中观察到	与OBAS一样,但措施的选择是由RCA中优先和操作程序所确定的,比如历史事故,安全改善
何处使用	通常用于在实施评估中没有合适的前后对比的数据的情况下	通常用于道路安全评估	除了观察性研究外,还应加以应用。设计用于实施措施点和点混杂因素的控制
其他信息	三种类型:简单CS、回归CS和匹配CS。将控制点与实施措施点进行比较	三种常见类型:简单、控制点前后研究和经验贝叶斯方法	也被称为随机对照试验(RTC),是最有效的评价方法
风险	当很难消除可能导致无法解释或严重误导结果的影响因素时,避免使用这种方法。潜在的问题包括: (1)偏见; (2)交通量、交通组成和年行驶里程的差异; (3)其他相关风险的差异,如山区公路和自我选择偏差	基本要求是,引入的措施必须保留研究点的大部分原始属性	实验室测试的关键方法,但很少用于道路安全研究,因为: (1)措施方案受制于预算限制,因此只有预期效益　成本比率最高的点能优先进行措施实施; (2)伦理问题出现,因为它没有处理所有高事故地点; (3)它通常会降低事故次数; (4)决策者不了解RTC方法的好处

续上表

描 述	研 究 类 型		
	OCS	OBAS	EBAS
有效性	有效性取决于选择的控制点与实施措施点措施未实施时有同样的安全表现	除非我们能合理地相信,没有其他可能对安全产生影响的因素以偏见的方式应用于安全性,我们才可认为是有效的。需要计算平均效应回归情况	消除所有产生于事故历史最严重的控制点的偏差;回归平均效应

6.2.5 监测和评估的绩效评估

针对监测和评估的绩效评估,可以考虑事故、风险等直接和间接指标。

(1)事故指标变化分析:包括事故次数、伤亡人数、亿车公里事故率等指标。

(2)平均公路风险变化分析:根据实施的设施资料导致的公路条件变化,更新原有公路风险基础数据,计算工程实施后的公路风险,并对比实施前后路网或路段各公路风险级别比例的变化情况,以及平均公路风险级别的变化情况。

(3)平均事故风险变化分析:根据实施后的事故资料,计算工程实施后的事故风险,并对比实施前后路网或路段各事故风险级别比例的变化情况,以及平均事故风险级别的变化情况。

(4)经济性分析:根据总体造价,计算事故、事故风险、公路风险等指标变化的经济成本。

6.2.6 监测和评估流程

根据评估方法和评估对象的不同,风险评估安全完善措施的监测和评估流程也各有差异,具体的流程可参考采集以下数据和资料,也可根据评估需要另行确定。

(1)项目或工程实施前公路和路段的基本情况,包括技术参数、交通情况、环境情况、交通事故情况、开放式协商和沟通中对公路情况的评价和实施建议等。除文字记录外,有条件的宜对实施前的情况进行照片或录像记录。

(2)工程实施情况资料,包括有关设计论证材料、实施工程数量、具体实施地点、实施时间以及措施内容、单价、数量等。除文字记录外,有条件的宜对重点实施过程进行照片或录像记录。

(3)工程实施后的公路和路段情况,有关数据和记录宜与实施前的进行对应。

(4)工程社会效果分析,包括有关新闻报道材料、社会反响材料等的收集,有条件的还可进行专门的公众满意度调查分析。

(5)其他技术数据,例如行车轨迹指标、冲突指标、驾驶人心生理指标等的采集分析。

第7章　公路风险评估应用实例

7.1　路网交通安全管理

传统的路网交通安全管理是在对道路交通事故进行研究并认识其规律的基础上，由国家行政机关根据有关法律、法规、标准规范，对构成道路交通系统的组成部分进行事后分析。这类路网交通安全管理模式在应用上的局限性体现在两方面。一方面，很多安全管理部门在进行安全完善的时候，缺少有效的事故数据，这种情况在我国这样的发展中国家尤其明显。另一方面，对于类似于点多面广、交通量相对较小的低等级农村公路，道路本身事故数据量较小，分布相对分散，难于应用基于事故数据的分析来进行安全完善的指导。而且，即使对于拥有好的事故记录信息，能够发现高频事故的路段，在实际应用中也发现每年高事故风险路段和形态都在变化。

现代的交通安全管理的方法，很多是主动性的，如较少依赖于事故数据的数据驱动型方法有很多种叫法，包括基于模型、基于现场调查和系统方法等。总体上，这些方法里面最好的就是基于风险的。风险方法的一个基本原则是：一个给定的路段或者交叉口已知是高事故频率的，那么其他具备类似道路和交通条件的路段或者交叉口，迟早会有类似的事故表现。

道路交通受人、车、路、环境等因素的影响，任何一个环节出现差错都有可能引发交通事故。交通事故引发的是综合的社会问题，世界各国都投入大量的人力、物力、财力来研究减少和避免交通事故的政策与具体的安全管理措施。风险评估技术能够有效辅助路网安全管理工作。风险评估的成果，可以对路网的基础设施条件，还有交通条件分布情况进行总体的把握。比如下述实例里面，体现了限速情况在路网里面分布。与此相类似，也可以得到路侧危险类物类型，路侧危险物距离等要素，即风险物评估的多个指标的分布情况。同样，可以针对现有设施的分布进行分析，并制订相应的管理计划。

7.1.1　路网安全因素分布情况

首先确定计划实施的路网，制订实施的计划，开展数据收集、调研和数据编码标准化工作，为风险评估做好基础。

根据道路的编码数据，能够将各个安全相关的因素通过分布地图展示出来，例如，路网的限速按数值范围，以不同的着色在地图上描绘，如图7-1所示。

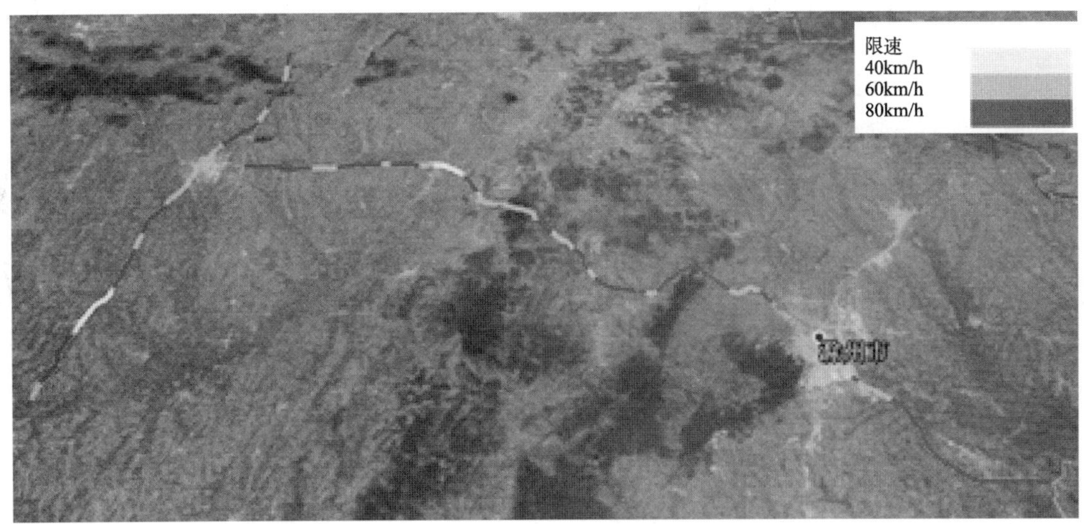

限速(km/h)	长度(km)	比例(%)
40	8.8	2
60	41.2	20
80	102.6	78
总计	152.7	100

图 7-1　路网限速分布的地图展示

7.1.2　路网风险等级分布情况

通过计算路网的公路风险分级，以黑、红、橙、黄、绿五种颜色依次表示当前路段的风险高低水平，V 级为黑色，表示高风险路段，I 级为绿色，表示低风险路段。由 V 级到 I 级，公路风险依次降低。基于风险地图，可以很方便地定位全路网里高风险路段，同时，也可以了解总体风险分布的情况，如图 7-2 所示。

等级	长度(km)	百分比(%)
Ⅰ	47.30	12.66
Ⅱ	86.30	23.1
Ⅲ	83.80	22.44
Ⅳ	65.80	17.60
Ⅴ	90.40	24.20
合计	373.6	100

图 7-2　路网风险水平的 GIS 地图展示

7.1.3 路网安全完善措施计划

通过安全设施实施前后风险等级的动态变化，可以直观地掌握安全措施的实施效果。在风险分级的基础上对高风险路段的成因进行分析，确定初步的对策。例如，导致高风险的原因包括视距不良，穿城的接入口较多，标志和标线不完善等。根据以上高风险致因，可以确定初步安全完善的对策。根据对策方案，进行安全投入经济分析，可以制订理想的高投入安全对策，也可以考虑实际条件的限制，制订最优的可行投入对策。

在对策分析的基础上，可以确定路网或者单条路的总体实施的计划，经费、预期效果，还有预期的效益情况。在表7-1中，有两个方案。理想方案：不计成本，高投入。经济型的方案：考虑到投入的成本受限，其预期的效益比要远高于理想情况的方案。

不同安全对策的指标对比 表7-1

理想高投入方案					
道路编号	KSI预防总数（人）	安全收益总值（元）	预计成本（元）	单位KSI预防成本（元）	效益比
S111	1071	269742632	19892400	15122	14
S112	621	137346103	27228300	40651	5
经济可行方案					
S111	976	240662409	7776500	6626	31
S112	482	110228884	9710100	18064	11

对于实施的每种措施，也可以分别进行实施工程量、费用的预计，还有预计可达到的安全效果的估计。同时，可以进行安全经济效益比的分析。一般情况下，成本相对较低的标志、标线，效益比相对较高，可根据具体的资金分配计划，制订相应的从短期到长期的实施对策计划。

对于采取的措施，从路网角度也可以对设施分布情况、实施路段的特点进行整体把控。从而保证从风险评估到原因分析，直到最后实施方案都是可以溯源的。

在上述分析完成之后，就可以根据实际的资金预算，计划实施的年份跨度来进行计划编制。编制具体方案可以记录具体的路段、风险的级别、导致高风险的主要道路条件以及交通情况，以确定主要措施的选择和计划实施年份的情况。

7.2 限速完善

速度管理是运输效率的关键指标之一。我国采用的限速方法有采用设计速度作为公路限制速度、按照《道路交通安全法》的规定设置公路限速值、以经验值作为确定限速值的方法、以运行速度作为限制速度值等。如何根据实际的道路和交通条件，合理确定限速以及相应的安全完善措施，对于充分发挥公路快速、高效等功能，十分重要。

公路设施水平的不断提升、交通运输需求的不断增长，使得提高公路运输效率、完善运行速度管理成为目前交通运输行业的强烈需求之一。但由于目前我国尚没有出台公路限速标准,各等级公路的限速值的确定、限速标志的设置、速度设施的设置等方面存在不科学、不合理的现象。不合理的限速,一方面,影响了公路交通运输效率的提高,另一方面,也不利于良好行车秩序的建立和交通安全的保障,严重影响了交通行业服务能力的发挥。同时,个别路段的不合理限速,引起了社会各界的质疑,影响了限速措施作为重要的交通行为干预措施和执法依据的权威性,公众对限速措施认同和遵守程度下降,造成了新的安全隐患和不安定因素。

7.2.1 国内外限速方法

通过归纳总结,目前国内外主要采用的限速方法有以下几种:采用设计速度作为公路限制速度、按照《道路交通安全法》的规定设置公路限速值、以经验值作为确定限速值的方法、以运行速度作为限制速度值、法定限速、最优限速法、工程研究方法和专家系统方法。

为了对道路形成合理、科学的限速决策,很多研究学者开始考虑通过形成模型的形式来计算、估计道路合理的限速值,以通过这种方法实现对公路限速的管理。如汽车最高限速基准模型、大、小车限速综合决策模型、平均速度与限速之间关系模型、速度差与限速之间关系模型、85%位车速事故率最低限速模型等。

结合风险评估技术,对交通组成和运行速度进行分布特征分析,并对历史事故数据、交通量、道路基础设施进行采集编码,计算获得道路风险等级结果;结合第85%位运行车速值,决定道路限速值,进一步对其对应的道路风险进行更新计算,比较前后风险变化,对新增高风险路段,制订安全提升对策,最终得到具有较高安全性,且限速值合理的方案。这是一种新形式的限速决策技术,与以往的限速方法相比,不仅从通行效率、速度差值等方面考虑限速值的高低,更进一步将限速与道路风险紧密联系在一起,是从安全角度出发的限速决策方法。

这里以某地省道为例,阐述如何通过风险评估技术辅助完善限速方案。通过开展现场运行速度观测及限速有效性地研究,分析在现有公路和交通条件下,如何通过合理设置限速值,并针对性地采取安全完善措施,来达到在不牺牲安全的前提下,提升省道的公路交通运输效率的目的。

7.2.2 总体方案设计

该限速完善工作主要按照以下5个步骤来完成。

第1步,准备阶段。此阶段主要进行省道基本情况资料收集、交通量历史数据整理、文献查阅、典型路段选取以及结合公路生命防护工程排查结果,梳理省道限速现状进而确定速度观测选点方案。

第2步,进行现场速度观测。根据第一阶段制订的观测方案,采用MetroCount 5600系列路旁单元,对于选取的路段进行实际车辆行驶速度观测。

第3步,进行数据处理和分析。重点围绕道路线形、交通条件、交通事故数据、车辆类型等因素和现场实测速度数据,对公路安全运行的影响开展研究分析工作,为限速值的确定提供依据。

第4步,进行限速值对公路风险等级的影响分析。此阶段将分别以当前限速值、实际车辆运行速度和建议修改限速值三种速度数据为基础，对省道的公路风险进行评估，并比较其风险变化及致因。

第 5 步，根据以上几部分的数据分析和研究结论，给出某地省道限速策略及建议措施。

7.2.3 基本资料收集

基本资料的采集和提取，主要包括道路设计资料、路线清单和道路基本信息、交通量（含各观测点位置及代表区段）和交通事故等（表 7-2，图 7-3）。

调研获取的道路交通量资料 表 7-2

（2014 年路网交通量观测站日均车流统计） 单位：辆

公路编号	站点名称	代表区段起点	代表区段终点	行车方向	2014 年度年平均日交通量（自然车流，未折算）
G42	分水观测站	K1491	K1519	双向	9592
G42	小周-云阳站	K1435	K1457	双向	7418
G42	垫江-周嘉	K1593	K1612	双向	10795

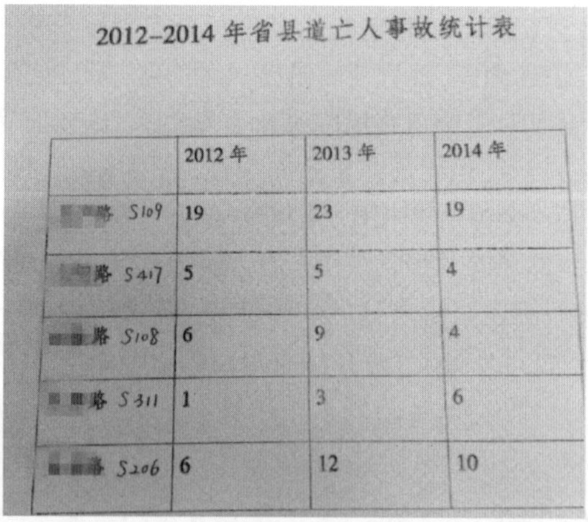

2012–2014 年省县道亡人事故统计表

	2012 年	2013 年	2014 年
路 S109	19	23	19
路 S417	5	5	4
路 S108	6	9	4
路 S311	1	3	6
路 S206	6	12	10

图 7-3 调研获取的交通事故资料

7.2.4 现场道路勘察

针对各省道全线特征梳理，归纳为以下几种典型路段，见表 7-3。

路 段 类 别 划 分 表 7-3

中分带	第 1 类	第 2 类	第 3 类	第 4 类	第 5 类
分隔式	普通路段	急弯路段	穿村镇或校区	事故相对多发段	长下坡路段
非分隔式					

对应路段特征如图 7-4 ~ 图 7-10 所示。

图 7-4　分隔式车道长直线路段

图 7-5　分隔式车道长下坡路段

a)交叉口

b)直线路段

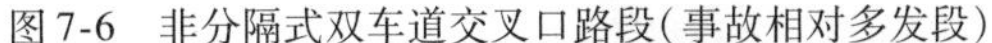

图 7-6　非分隔式双车道交叉口路段(事故相对多发段)

图 7-7　非分隔式双车道急弯接下坡路段

图 7-8　非分隔式双车道连续急弯路段

图 7-9　非分隔式双车道穿村镇路段(交叉口)

图 7-10　非分隔式双车道穿村镇路段

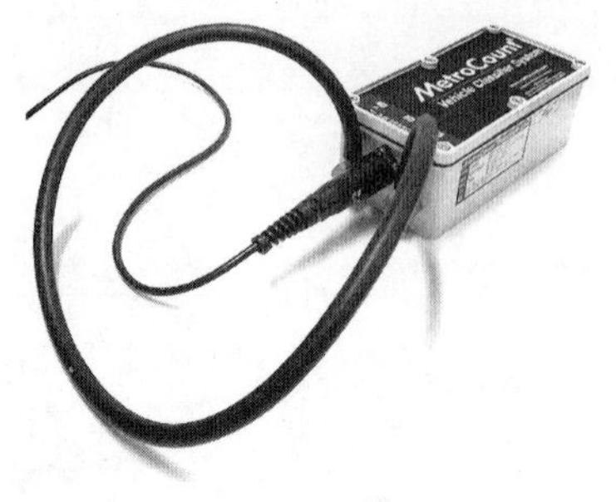

图 7-11　MetroCount 5600 系列路旁单元

共选取 4 个测速点，采用 MetroCount 5600 系列路旁单元（图 7-11），进行实际车辆行驶速度数据采集。

每套测速设备包括 MetroCount 5600 系列路旁单元 1 个，气压管 2 根，固定卡子若干。道路速度观测工作照如图 7-12 所示。

每个观测点采集 2 小时数据，收集速度数据文件如图 7-13 所示。

a)

b)

c)

图 7-12　道路速度观测工作照

名称	修改日期	类型	大小
S108-06八月2015-5.EC2	2015/8/6 20:43	EC2 文件	4 KB
S108-06八月2015-6.EC2	2015/8/6 20:46	EC2 文件	4 KB
S108-06八月2015-8.EC2	2015/8/6 20:41	EC2 文件	4 KB
S108-06八月2015-10.EC2	2015/8/6 20:47	EC2 文件	13 KB
S10807八月2015-5.EC2	2015/8/7 20:55	EC2 文件	9 KB
S10807八月2015-8.EC2	2015/8/7 20:59	EC2 文件	10 KB
S10807八月2015-10.EC2	2015/8/7 21:00	EC2 文件	18 KB

图 7-13　观测速度数据文件

7.2.5　基础数据处理

数据处理包括如下步骤。

(1)数据整理:首先整理实地调研视频及其他记录,保证调研数据的完整性和正确性,去除错误及冗余信息。

(2)数据标准化:将观测速度值、车辆类型、经纬度信息、道路类型、观测点里程桩号等信息形成标准化 EXCEL 数据文件,如图 7-14 所示。

称	日期	类型	大小
S41707八月2015-6.xls	2015/8/16 20:44	Microsoft Excel ...	277 KB
S41704八月2015-10.xls	2015/8/16 20:40	Microsoft Excel ...	254 KB
S41704八月2015-6.xls	2015/8/16 20:41	Microsoft Excel ...	238 KB
S41704八月2015-5.xls	2015/8/16 20:33	Microsoft Excel ...	109 KB
S20607八月2015-10.xls	2015/8/16 20:53	Microsoft Excel ...	82 KB
S20607八月2015-8.xls	2015/8/16 20:53	Microsoft Excel ...	67 KB
S20607八月2015-6.xls	2015/8/16 20:52	Microsoft Excel ...	38 KB
S20605八月2015-8.xls	2015/8/16 20:49	Microsoft Excel ...	171 KB
S20605八月2015-6.xls	2015/8/16 20:52	Microsoft Excel ...	96 KB
S20605八月2015-5.xls	2015/8/16 20:52	Microsoft Excel ...	106 KB
S10906八月2015-10.xls	2015/8/17 20:15	Microsoft Excel ...	60 KB
S10906八月2015-6.xls	2015/8/17 20:21	Microsoft Excel ...	58 KB
S10906八月2015-5.xls	2015/8/17 20:23	Microsoft Excel ...	139 KB
S10905八月2015-10.xls	2015/8/17 20:30	Microsoft Excel ...	07 KB
S10905八月2015-8.xls	2015/8/17 20:46	Microsoft Excel ...	173 KB
S10905八月2015-6.xls	2015/8/17 20:51	Microsoft Excel ...	222 KB
S10905八月2015-5.xls	2015/8/17 20:32	Microsoft Excel ...	83 KB
S10807八月2015-8.xls	2015/8/17 19:41	Microsoft Excel ...	260 KB
S10807八月2015-5.xls	2015/8/17 17:39	Microsoft Excel ...	177 KB
S10806八月2015-10.xls	2015/8/17 17:17	Microsoft Excel ...	174 KB
S10806八月2015-8.xls	2015/8/17 14:14	Microsoft Excel ...	82 KB
S10806八月2015-6.xls	2015/8/17 16:55	Microsoft Excel ...	72 KB
S10806八月2015-5.xls	2015/8/17 16:48	Microsoft Excel ...	76 KB

图 7-14　标准化后的速度数据文件

(3)数据分析及图表生成:通过 MetroCount 设备自有软件 MCReport 和项目组基于 MATLAB 的分析程序,对所有数据进行自动分析并生成相关的统计图表。

通过以上步骤的工作,实现数据的基础处理。

7.2.6　测速数据分析

数据分析工作包括公路线形、交通量与速度关系分析,速度与道路风险等级分析和限速与相关对策分析等几方面的信息,同时,还结合了省道公路全线高清视频数据(分隔式车道双向采集视频数据,非分隔式车道仅采集单向视频数据)以及 GPS 信息,对全线限速情况进行辅助分析。通过多方面的研究与剖析,分析现有限速情况是否合理,并提出科学合理的限速方案及相应的安全完善措施的建议。

S108 为一级公路,共选取 4 个测速位置 7 个观测点,分别对应桩号 K41.3(顺桩),K41.3(逆桩),K48.2(双向),K48.2(逆桩),K58.4(顺桩),K58.4(逆桩)和 K69.1。其中 K48.2 和 K69.1 处涉及路面施工,逆桩方向车道封闭,将顺桩方向车道改为双向通行,该处顺桩车道同时观测双向行车速度。观测位置示意如图 7-15 所示,其对应桩号及路段特点见表 7-4。

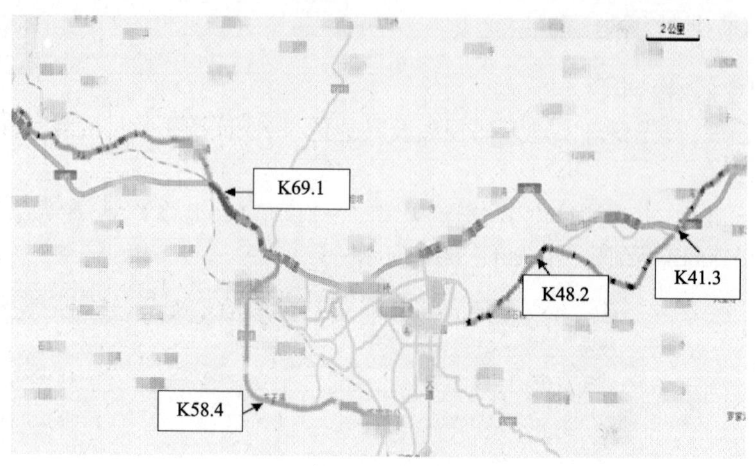

图 7-15　S108 测速点地理位置示意

S108 速度观测点信息　　表 7-4

序号	道路名称及编号	限速值(km/h)	观测位置里程桩号	方向	路　段　特　点
1	S108	60	41.3	逆桩	分隔式车道,直线接上坡路段
2	S108	60	41.3	顺桩	分隔式车道,下坡接直线路段
3	S108	30	48.2	逆桩	分隔式车道,穿村镇直线路段,接入口,限速 30
4	S108	30	48.2	双向	分隔式车道,穿村镇直线路段,接入口,限速 20
5	S108	60	58.4	顺桩	无中央分隔带,十字交叉口,直线路段,事故相对多发段
6	S108	60	58.4	逆桩	无中央分隔带,十字交叉口,直线路段,事故相对多发段
7	S108	60	69.1	双向	十字交叉口,直线路段,分隔,左道封闭施工,双向测速

这里选取 K41.3 和 K58.4 两个观测点,给出详细车型比例分布和速度统计信息。K41.3处的交通组成如图 7-16 所示。

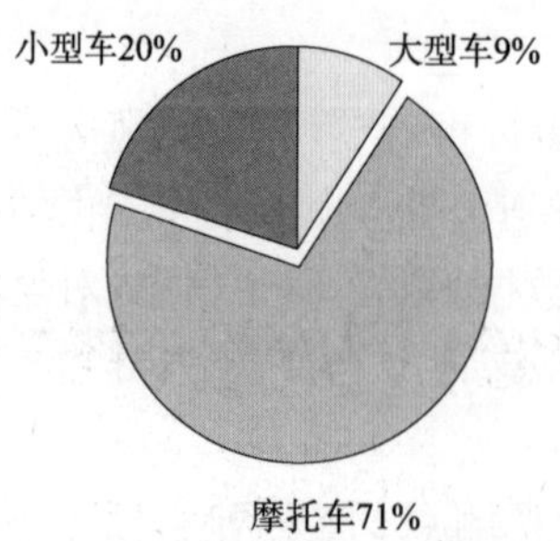

a)K41.3（逆桩方向）车型比例图

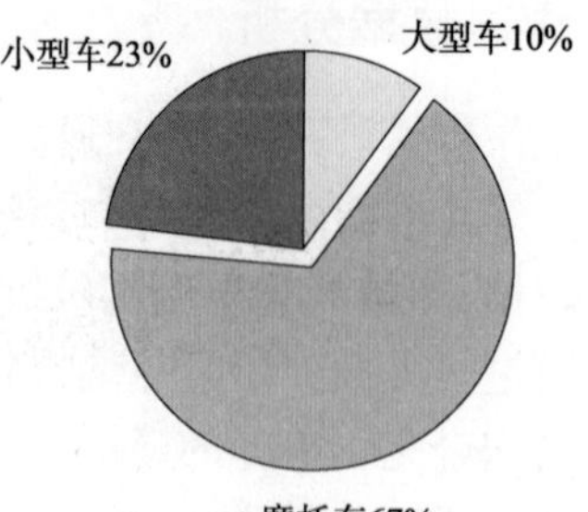

b)K41.3（顺桩方向）车型比例图

图 7-16　S108 K41.3 车辆类型分布统计图

K41.3 位置道路情况如图 7-17 所示,各车型速度统计情况见表 7-5。

a)

b)

图 7-17　S108 K41.3 道路照片

S108 K41.3 位置(直线上坡路段)各车型速度统计　　表 7-5

观测位置	车辆类型	平均速度(km/h)	标准差(km/h)	V85 速度(km/h)	V_{max}(km/h)	V_{min}(km/h)
K41.3(顺桩)	全车型	46.3	17.82834	64.72	98.4	10.7
	摩托车	48.23585	13.69177	62.18	76.3	21.5
	小型车	44.49211	19.06792	66.09	98.4	10.7
	大型车	56.3375	11.12107	64.16	84.7	31.3
K41.3(逆桩)	全车型	50.15345	18.05243	69.99	90.2	15.3
	摩托车	53.53281	11.43241	63.485	86.7	24.1
	小型车	47.39135	19.78663	70.48	90.2	15.3
	大型车	61.48846	11.89794	71.8	78.2	27.6

由图 7-16、图 7-17 和表 7-5 可以看到,该位置车辆以摩托车为主,小型车次之,大型车辆占比最小。根据当前限速情况分析,该点所有车辆的 V85 运行速度均超过了限速 60km/h,其中以大型车超速比例最高,且其平均速度值也最大。

K58.4 位置的交通组成及观测速度统计如图 7-18 所示。

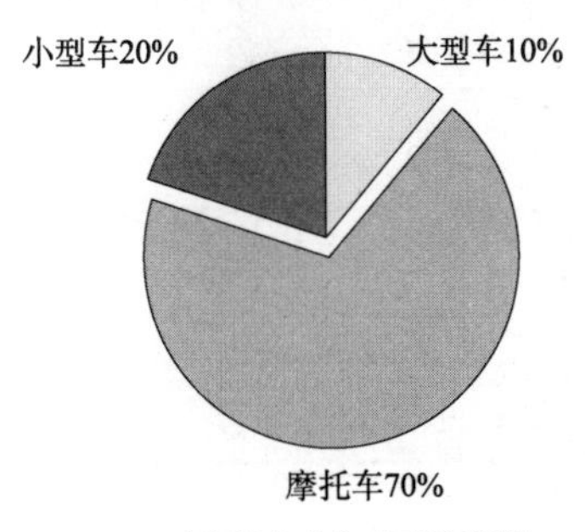

a)K58.4(逆桩方向)车型比例图

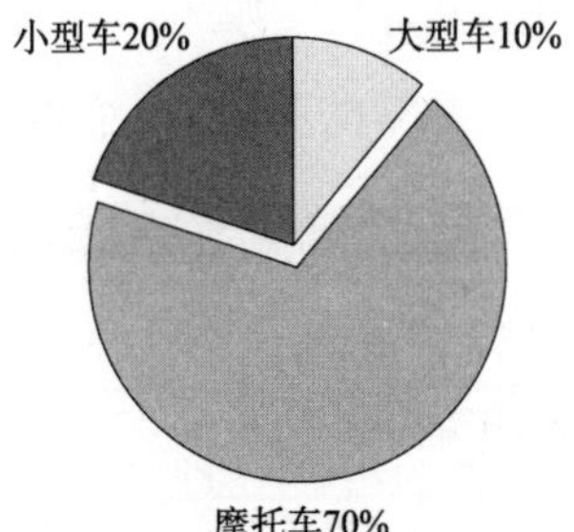

b)K58.4(顺桩方向)车型比例图

图 7-18　S108 K58.4 车辆类型分布统计图

K58.4 位置位置道路情况如图 7-19 所示,各车型速度统计情况见表 7-6。

a)

b)

图 7-19　S108 K58.4 道路照片

S108 K58.4 位置(十字交叉口,直线路段,事故相对多发段)**各车型速度统计**　　表 7-6

观测位置	车辆类型	平均速度(km/h)	标准差(km/h)	v85 速度(km/h)	V_{max}(km/h)	V_{min}(km/h)
K58.4(顺桩)	全车型	40.25298	10.65105	50.975	75	11.4
	摩托车	35.71529	10.27412	47.4	66.6	14.6
	小型车	41.61272	10.83283	52.645	75	11.4
	大型车	39.80581	7.549092	47.325	60	19.5
K58.4(逆桩)	全车型	37.30981	9.317781	47.055	77.9	11.6
	摩托车	33.90786	9.629033	46.245	65.6	12.7
	小型车	38.689	9.230236	47.715	77.9	11.6
	大型车	34.67013	7.049413	42.08	56.8	15.8

由图 7-19 和表 7-6 可以看到,该位置车辆以摩托车为主占到 70%,小型车次之,大型车辆占比最小,仅为 10%。根据当前限速情况分析,该点所有车辆的 V85 运行速度均在限速 60km/h 以下,但是应当考虑到该路段正在进行路面施工,一定比例的车辆改行其他路线,使得车辆总数下降,并且由于施工造成的约束,车辆速度低于正常行驶水平。

7.2.7　基于风险评估的限速优化分析

为了量化评估建议的限速方案对省道的实际安全影响,采用了风险评估方法对限速和实际运行速度影响进行了分析。

7.2.7.1　现状风险评估结果

通过现状数据的编码处理和风险等级计算,某地省道 S108 的风险等级分布示意如图 7-20所示。

公路风险的等级可以展示路段对于公路使用者的危险程度。通常情况下,认为Ⅳ级和Ⅴ级公路风险相对较高,是需要重点关注的路段,各风险等级路段见表 7-7,各省道对应的风险统计情况见表 7-7。由图 7-20 和表 7-8 看到,以上省道,风险等级较高的路段共有 12.1km,占总里程的 16.42%。经由既有省道公路风险分析结果,在现有公路环境之下,仍然存在着基础设施条件需要进一步完善的路段,这和目前公路上仍然存在一些事故伤亡相对较多的路段的存在是相一致的。

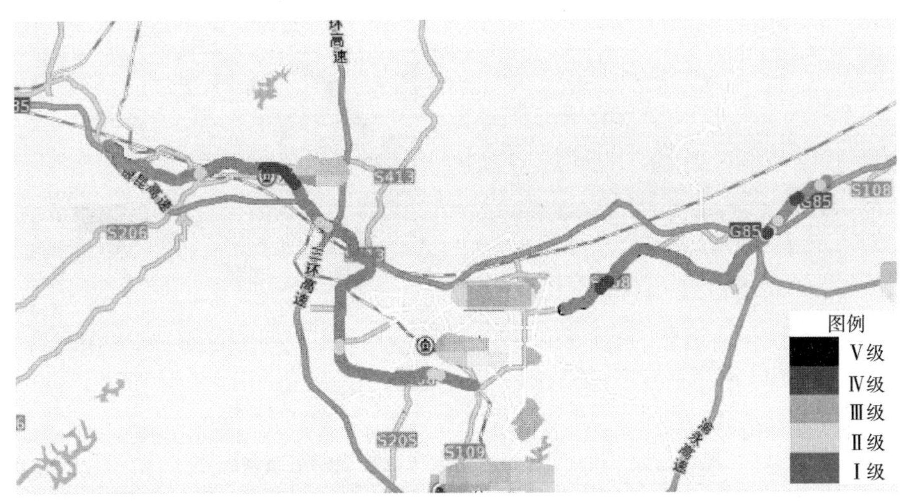

图 7-20 某地省道 S108 的风险等级分布示意

某地省道 S108 风险等级评定结果统计 表 7-7

道路编号	长度(km)	Ⅴ级		Ⅳ级		Ⅲ级		Ⅱ级		Ⅰ级	
		长度(km)	比例(%)	长度(km)	比例(%)	长度(km)	比例(%)	长度(km)	比例(%)	长度(km)	比例(%)
S108	73.7	2.2	2.99	9.9	13.43	57.7	78.29	1.4	1.90	2.5	3.39

省道总体风险等级评定结果统计 表 7-8

公路风险等级	里程(km)	百分比(%)	合计(%)
Ⅰ级	2.5	3.39	83.58
Ⅱ级	1.40	1.9	
Ⅲ级	57.70	78.29	
Ⅳ级	9.90	13.43	16.42
Ⅴ级	2.20	2.99	
合计	73.70	100	100

7.2.7.2 限速变化对风险影响分析

理想状态下,在当前的限速条件下,如果所有车辆都按照限速值行驶,则省道的风险等级如图 7-21 所示,相关统计信息见表 7-9,仅有 3.12% 路段的公路交通安全风险较高。然而,根据表 7-8 现状实际运行情况下有 16.42% 的路段风险值较高,存在较大的交通安全隐患。由此,可以看出限速和运行速度对于公路的整体风险是有直接且重要的影响的。

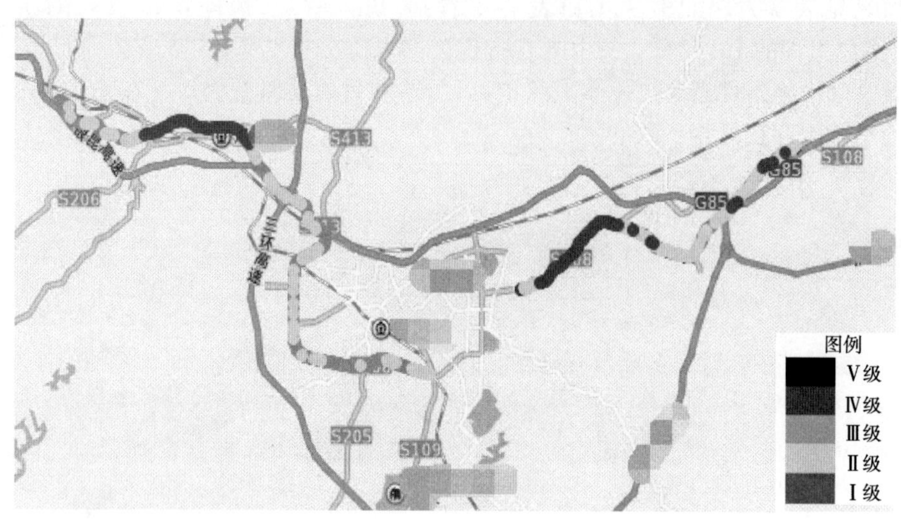

图 7-21　某地省道 S108 理想限速情况风险等级示意

某地省道 S108 理想限速情况风险等级评定结果统计　　表 7-9

公路风险等级	里程（km）	百分比(%)	合计(%)
Ⅰ级	11.4	15.47	96.88
Ⅱ级	20.1	27.27	
Ⅲ级	39.9	54.14	
Ⅳ级	1.8	2.44	3.12
Ⅴ级	0.5	0.68	
合计	73.7	100	100

根据观测的运行速度数据，取其 V85 速度作为建议限速值，对应的公路风险等级分布示意如图 7-22 所示，统计信息见表 7-10。

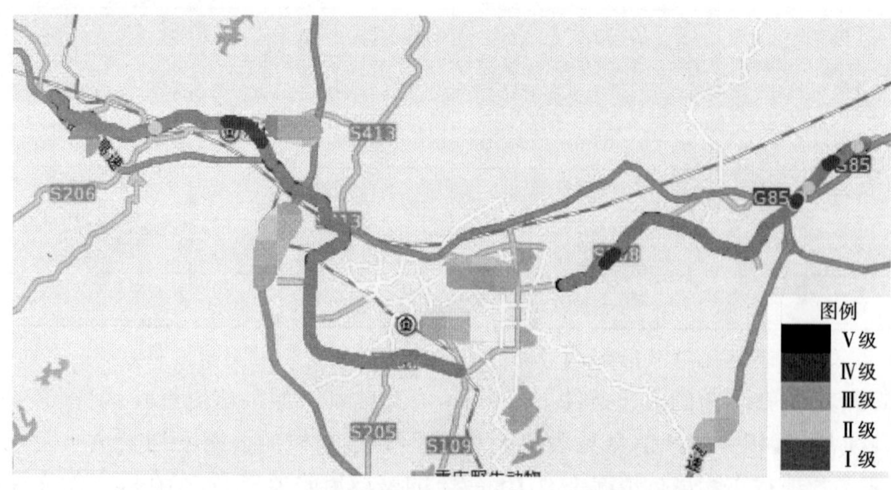

图 7-22　某地省道 S108 建议限速条件下风险等级分布示意

某地省道 S108 修改限速情况风险等级评定结果统计 表 7-10

公路风险等级	里程（km）	百分比(%)	合计(%)
Ⅰ级	2.5	3.39	77.34
Ⅱ级	0.7	0.95	
Ⅲ级	53.8	73	
Ⅳ级	14.2	19.27	22.66
Ⅴ级	2.5	3.39	
合计	73.7	100	100

可以看到，在建议限速条件下，保持公路环境不变，高风险路段，即风险等级是Ⅳ级和Ⅴ级的路段共有 16.7km，占总里程的 22.66%。同时，提速前安全等较高的路段，即Ⅰ级和Ⅱ级路段共有 31.5km，约占总里程的 4.34%；提速后，Ⅰ级和Ⅱ级路段为 3.2km，占总里程的 4.24%。以上结果表明，在保持公路条件不变的情况下，单纯提高限速，将大大增加高风险路段，对行车安全产生不良影响。对于公路限速的提高，应该配合风险评估生成的建议完善对策，进行相应的道路条件改造，以保证安全。

7.2.7.3 案例分析

图 7-23 所示路段为分隔式双向四车道公路，交通组成以汽车为主，摩托车数量约为汽车的 1/9，当前限速为 60km/h，可以考虑适当提高限速至 70km/h，提速后，公路风险等级为 3 级，较提速前无明显变化。为保证交通安全，仍建议实施中间护栏、完善标线、设置接入口警告标志和道口桩等安全措施，以保证限速后安全水平不降低。

a)

b)

图 7-23 S108 K76.2-K76 路段截图

7.3 交互式公路安全设计

交互式公路安全设计在本章指根据公路的建设运营特点，采用风险评估为手段，对公路建设运营全周期的道路安全设计理念干预、对安全设计的实施效果预判，从而向公路设计相关单位提供基于生命安全价值的道路安全设计修改方案并持续跟踪公路设计的安全效果的设计方式。交互式公路安全设计通过对路网完成数据收集、编码以及核查修改的工作，利用风险评估模型进行计算，对公路风险进行等级评定，针对筛查出的高风险路段，按 100m 或更小的单位长度路段制定对策措施,将该对策集映射至风险评估编码,更新相应的道路基础设施属性值,并重新计算风险等级,得到实施当前设计方案后的路网安全情况以及设计方案可产生的经济效益分析,最终设计单位可依据项目所在地区的社会经济发展情况,按照近期、中期、远期等做不同的安全改造方案,并按需求确定是否接受某类设计方案,如不满足需求,则修改设计方案,再次进行风险等级计算分析,直至得到满意的设计方案。

7.3.1 交互式公路安全设计流程

一般情况下,交互式设计的流程如图 7-24 所示,是基于现状的风险评估,确定总体安全情况以及主要存在的安全问题,确定要达到的安全目标。在这个基础之上,进行安全完善的设计工作,然后利用风险评估,对设计方案进行分析,判断设计方案是否能达到预期的目标,应该从哪一个方面来进行完善。通过这种反复地交互式的工作,保证最终的目标能够得到实现。

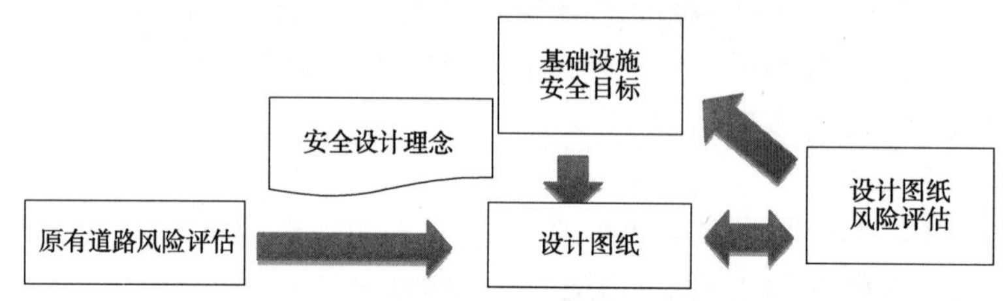

图 7-24　交互式公路设计流程

7.3.2 交互式公路安全设计案例

以某地长约 12.5km 的二级公路改建成一级公路的实例,进一步解释交互式公路设计的流程。该公路改造前的状况如图 7-25 所示。

图 7-25　公路改造前的状况

7.3.2.1 基础设施安全目标

首先,根据该条道路改造的基础设施特点及项目改造单位的道路安全管理计划,设定其道路基础设施安全目标如下。

(1)以尽量减少公路风险Ⅳ、Ⅴ级高风险路段百分比为评估目标,通过风险评估与设计文件的不断交互影响,使得该路段的基础设施安全条件可达到类似公路基础设施安全水平。

(2)解决现有道路交通安全问题。

(3)基于沿线村镇化比例很高的特点,增加对进出村镇及村镇路段的安全考虑。

(4)强化交叉口安全设计。

7.3.2.2 现状道路安全条件分析

展开对该现状道路的道路交通安全条件分析,包括事故特点、道路条件、交通运行状况、交通组成等,从而确定未来的安全完善设计中需要重点解决的已存在安全问题。这些分析都是进行安全完善设计的依据。

该路段主要的道路交通安全特点如下。

(1)事故参与者特点:行人、摩托车等弱势交通群体参与的事故比例比较高,接近42%的事故皆有大货车参与。

(2)事故时间特性:设定6:00~20:00为白天,则夜间事故比例为接近50%。

(3)事故形态:在该段发生的伤害性交通事故中,60%以上为对向车辆引发。

简要列出如中间带、路肩、接入点和路侧危险物的现状道路条件情况,见表7-11。

在表7-11中,当前路段约53%的路段为Ⅵ或Ⅴ级,风险较高;90%路段只有窄硬路肩,中分带约95%为标线形式,各类接入口分布在74%的路段中,52%路段限速为70km/h,48%路段限速为40km/h。

现有道路条件 表7-11

		长度(km)	百分比(%)
中分带类型	中分带(m)[0,5]	0.6	5
	标线形式	11.9	95
硬路肩(m)	宽(>2.4)	0.8	6
	中等[1,2.4]	0.4	3
	窄[0,1)	11.3	90
接入点	商业接入口1+	3.2	26
	居民接入口3+	1.7	14
	居民接入口1或2	4.3	34
	无	3.3	26
限速(km/h)	40	6	48
	70	6.5	52
路侧危险物距离(m)	[0,1)	1.5	12
	[0,5)	10.9	87
	>5	0.1	1

7.3.2.3 现状道路风险评估

基于现状评估结果,可直观并准确针对现有道路进行设计。该项目中间带形式、限速、接入口改造等具体的指标被识别为重点的设计改进对象,路段等级见表7-12。

现有道路风险评估结果 表 7-12

等 级	长度(km)	百分比(%)
Ⅰ	0.00	0
Ⅱ	0.00	0
Ⅲ	5.80	46
Ⅳ	5.90	47
Ⅴ	0.80	7
合计	12.5	100

7.3.2.4 多次设计交互式设计

设计人员根据现状道路的风险评估结果，针对该路段特点完善措施设计，见表 7-13，并对于第一版设计进行风险等级计算。如若按第一版设计方案实施，则 61% 的路段中间带为钢板护栏，23% 采用其他形式的物理隔离；28% 路段限速值为 60km/h，72% 的路段限速提高为 80km/h；商业接入口增加，居民接入口减少。该方案实施后，路段风险值整体下降，安全性得到改善。

第一版设计道路条件 表 7-13

		里程(km)	百分比(%)
中分带类型	钢板护栏	9.1	61
	物理宽度(m)[1,5)	3.4	23
限速(km/h)	60	4.2	28
	80	10.8	72
接入口	商业接入口 1 +	5.6	37
	居民接入口 3 +	1.5	10
	居民接入口 1 或 2	4.1	27
	无	3.8	25

风险计算可以非常方便地对设计方案进行风险等级评定。表 7-14 是第一版设计的风险结果，可见第一版设计相对于现状，道路风险安全性是显著提升的。

第一版设计风险评估结果 表 7-14

等 级	长度*(km)	百分比(%)	等 级	长度*(km)	百分比(%)
Ⅰ	0.00	0%	Ⅳ	0.60	4
Ⅱ	2.10	14	Ⅴ	0.00	0
Ⅲ	12.50	82	合计	15.20	100

注：*设计评估里程为 15.20km，这是由于设计方案中有实体中央分隔带的路段的里程按照双向道路计算。

分析结果发现：虽然第一版设计的风险水平已经显著改善了，但是该方案仍存在不安全的护栏端头、视距不良、路侧净区内有危险物以及行人过街设施不完善等问题，由此作为进一步完善道路安全设计方案的依据。设计单位为进一步获得更佳的安全性提升，在第一版设计的基础上进行再次设计。

7.3.2.5　交互式设计结论

表7-15描述了道路从现状到第一版到第二版的设计方案，道路基础设施风险情况得到了改善，体现了通过在设计阶段通过风险排查来解决公路安全隐患而非在公路运营阶段以实际的交通事故付出的巨大代价来倒逼提升公路安全水平的优越性。

现有道路、两版设计Ⅳ、Ⅴ级（相对高风险）路段比例的变化　　表7-15

百分比(%)		
现有道路	第一版设计	第二版设计
53	7	6

简言之，交互式设计的过程是风险评估和设计互相促进的过程。它既是风险评估技术应用的过程，也是设计人员主观能动性发挥的过程。在交互式设计过程中，设计人员可以对风险评估的结果进行验证和完善。比如，对风险评估未覆盖的内容进行处理。同时，设计人员的反馈是风险评估技术进一步完善的基础。这种交互式设计类似于美国的IHSDM(Interactive Highway Safety Design Model)公路安全评价交互式设计的模型，是给设计人员提供的一种设计方案安全水平核查工具。

第8章 公路风险评估技术发展及安全完善先进理念

8.1 公路风险评估技术发展

8.1.1 从静态到动态应用

目前,国内外所采用的风险评估模型,主要是考虑了各类静态的因素,而没有对交通流、天气、车辆运行速度等动态因素进行针对性研究。

实际上,通过揭示路面、几何线形、交通安全设施和路侧特征等静态道路基础设施属性数据,和交通、气候等动态数据对汽车用户在交通事故概率和严重程度上的综合影响规律,建立多维度的高速公路设施风险动态评估模型,与国际通用静态模型(国际道路评估组织iRAP)相比,能够实现评估指标的细化,增加对高速公路道路基础设施条件和交通运行情况特殊性考虑,和基础评估数据的动态性接入。

在总结国内外研究经验的基础上,通过大量高速公路交通安全数据的采集和分析,借用统计模型和计量经济分析模型,研究动态的交通量、运行速度、交通环境等综合作用之下道路基础设施条件与交通事故风险的关系,建立设施风险动态评估指标体系、评估模型和风险分级标准,能够更客观地体现公路的安全风险动态变化的过程,也能实时地获得当前的公路风险等级。

8.1.2 与养护管理系统的融合

目前的养护工作,主要通过专门人员的现场巡查判断以及历史的养护经验制订养护计划,工作量较大,且无法从路网安全的角度对需要养护的重点路段和轻重缓急作以科学判定。通过风险评估技术,能够对全路网的情况有全局把握,可以针对存在高风险的路段进行有的放矢,量体裁衣地完善决策制订,既可以起到养护的效果,同时也能够对安全条件进行改善。同时,通过风险评估的工作,可以对管养的路段建立历史数据库,进行养护工作数据管理和对比,辅助管理工作。

8.1.3 与ITS和自动驾驶等技术的融合

当前,智慧交通、基于互联网+的交通网以及交通环境中的物联网等技术迅速发展,应当将这些智能体纳入公路风险评估技术体系中来,以各个传感器作为前端数据采集单元,将实时数据收集以供风险评估计算使用,则可以实现实时的、动态的整体路网环境的风险评估。

8.2　安全完善先进理念

交通安全完善，包括道路安全管理、基础设施、安全车辆、道路使用者素质提升、事故救助等组成内容，也可以理解为对这几个要素所采取的事故前预防、事故中降低损伤、事故后的挽救，实施的手段有法律法规、工程技术、宣传教育等。除了传统的交通安全设施、交通安全管理方法等，一些新的理念、新的产品也应当作为新鲜血液注入到对策分析中去。

20 世纪 60 年代，美国提出的路侧宽容设计，是基于在提高出行效率的同时提高安全性的目标下提出的。路侧宽容设计实际上是一种被动安全措施，它并没有起到预防事故的作用，相反，这种更宽、更直的设计使驾驶人以更快的速度驾驶，速度越高意味着驾驶人发生错误的概率越高，事故也越严重。对于以提高出行效率为重要目标的高速公路和干线公路，运用宽容设计的概念是合理的，但在其他等级道路中，出行效率并不如高速公路和干线公路那么重要，因此，设计应使车辆减速以提高安全性而不是鼓励驾驶人高速驾驶，然后在发生事故后通过所谓的宽容设计来挽救他们[75]。

8.2.1　安全系统思想

8.2.1.1　安全系统原理

安全系统认可公路使用者的易犯错和持续犯错特征，但不允许公路使用者在事故中死亡或重伤。

Scandinavian 研究表明，即使公路使用者遵守所有公路规则，死亡事故率仅降低 50%，重伤事故率仅降低 30%。以新西兰为例，人人遵守公路规则的情况下，每年仍有近 200 的公路死亡人数。

传统的“3E” 原则——工程（engineering）、教育（education）、执法（enforcement）有助于公路安全达到良好水平。传统方法试图追究并更正公路使用者的危险行为，但并不能满足新西兰公路安全的设计目标。所以，需要安全系统来分担系统设计者与公路使用者的责任，实现防止公路事故中人员伤亡的最终目标。

安全系统的四个原则：

（1）人们犯错导致交通事故是不可避免的。安全系统的目标是降低事故发生的可能性，同时，专注于消除潜在的死亡或重伤可能性。

（2）人体承受的撞击力是有限的。安全系统通过管理人体承受的撞击力来消除潜在的死亡或重伤可能性。

（3）系统设计者和公路使用者在碰撞事故维持安全水平（不发生致命或重伤）管理工作中，应共同承担责任。系统设计者包括规划师、工程师、决策者、教育工作者、执法人员、车辆进出口商、供应商、公共设施供应者和保险公司等。

（4）安全系统将应用于整个新西兰。公路设计者应设计安全的公路及路旁设施，保证公路安全环境。安全性能良好的车辆确保能响应实际情况下的安全速度。驾驶人应具备并保持要求的驾驶技能，确保车辆满足驾驶要求。

8.2.1.2　人体物理承受力

安全系统的基本原理是公路使用者与车辆、速度和公路基础设施间的相互关系，及碰撞事故中人体能承受的撞击力。2011 ~2010 年澳大利亚公路安全策略(ARSS)中提到,依据碰撞的性质,当碰撞速度超过一定值时,事故中生存概率会急剧减小。图 8-1 说明了超出临界碰撞速度时,5 种主要类型的致命或重伤事故增加情况。

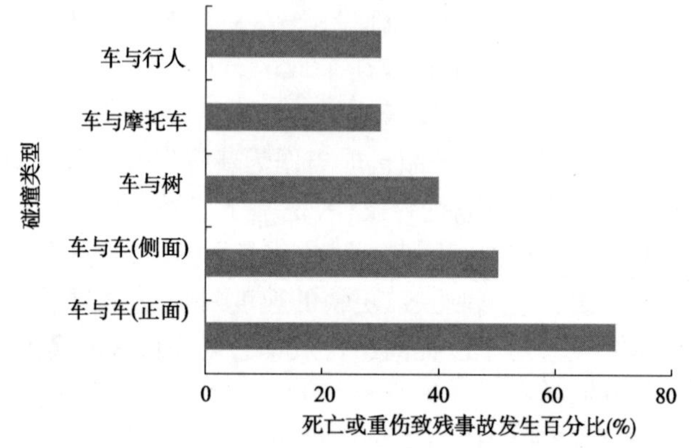

图 8-1　可生存的碰撞速度对不同碰撞事故的影响

2008 年的 OECD 指出,安全速度对安全系统的实现是至关重要的。然后,获得新西兰乡村公路的安全运行速度,某些情况下将影响运输效率。无法提供安全速度临界值时,可以采取中央分隔的方法来降低事故严重性。速度管理中需要平衡运输效率和安全的关系。

8.2.1.3　安全系统基础

安全系统下,设计者创建一个运输系统来防止公路使用者发生死亡或重伤事故。安全系统的基础概括为:安全的公路及路旁设施、安全的车速、安全的车辆和安全的公路使用者。

8.2.1.4　安全系统方法的特性

雨天在湿滑弯道行驶的驾驶人,与坚硬路边物体碰撞容易致死。因此,安全系统下,公路使用者发生死亡或重伤事故的概率将降低。

(1)先进的车辆安全性能将增加,包括电子稳定控制(ESC),安全气囊和防撞弹性头垫。

(2)改善路面,移除路旁障碍物以及安装分隔带。

(3)通过限速将车速控制在安全水平,限速表示明确的公路引导驾驶人控制车速,采用智能车速辅助装置。

(4)使驾驶人警惕并察觉危险,调整至安全驾驶条件。

8.2.2　自解释道路

自解释道路(Self-Explaning Road, 简称 SER)[76],是欧洲多个国家一致认可的安全设计方式。其定义为:通过自身的视觉特征,诱导用路者做出安全交通行为的道路系统。自我解释性道路设计是一种基于能够促使道路使用者正确预测,从而做出正确驾驶行为的方法。

Theeuwest 等人指出,通过改变道路条件的布局结构,可以减少潜在的风险,主要因素一方面是道路本身的安全性,另一方面即是道路的自解释性。Charlton 等人的研究成果指出使用复杂的视觉特性来解决居民区交通安全的自我解释道路的实施,已经显示出积极的作用。

从认知心理学的角度看,自解释道路设计可通过两个方面来改善道路安全。一方面,定义和设计适合正确驾驶行为的道路。如道路标线、车道宽度、路侧构造物等感知特性,能够直接或间接引导驾驶行为。这些内容都是感知措施和驾驶环境知觉引导研究发展。另一方面,是通过培养人们对道路类型、功能、设计布局以及交通特性的记忆,帮助他们能够方便准确地进行分类,快速做出正确的判断[3]。

(1)支撑SER概念的5个关键原理如下:

①功能性:明确并加强道路等级功能。

②同质性:道路使用者的速度、质量和方向相等(不相等是就分离)。

③可预见性:可辨识的道路环境,有助于加强道路使用者的预期。

④容许犯错性:通过容许犯错的道路使用环境,限制受伤程度。

⑤意识在状态:具体措施来应对意识状态的改变(醉酒/麻痹、疲倦、不熟练、年长)。

(2)SER方法能有效提高道路安全水平,SER方法在新西兰的使用就取得了以下成果。

①区域速度管理可增加15%~30%的安全效益。

②SER方法对整个道路网络(从地方街道到国道高速)产生积极的影响。

③SER方法能够建立并影响一系列已经启动或计划的可靠举措,例如:新西兰国家高速路网分类系统、"安全速度"理念(也称安全旅行战略)、KiwiRAP、国家高速公路边缘和中央处理选择、城市路网规划、周围可达性规划、学校区旅行规划、当地交通管理。

④SER是一个经济有效的方法。花费比标准地方交通管理低,且效果较好。

8.3　新型的主动交通安全设施

除了在道路设计上进行创新改进,还可以将新型的技术融入到交通安全设施产品的创造和改良中去。

8.3.1　车辆运行风险动态监测和反馈系统

车辆运行风险监测和反馈系统是一套主动性安全设施,系统布设如图8-2所示。实施路段的选择主要是基于公路风险和事故风险的综合分析,结合着现场实际勘察,针对实际高风险成因,以提升主动性行车安全条件,降低运行风险为目标。

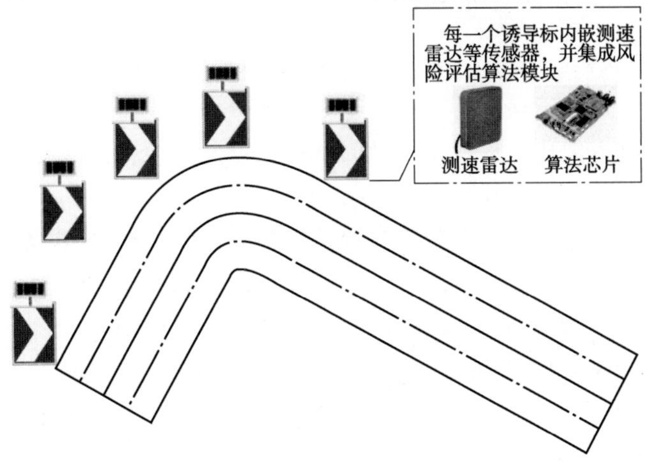

图8-2　车辆运行风险动态监测和反馈系统应用示例

系统布署位置应根据曲线半径、曲线长度、偏角大小确定。偏角小于或等于7°的曲线路段,可在曲线中点位置设一块线形诱导标;偏角大于7°,曲线较长的弯道,可根据需要设置若干块线形诱导标,并应保证驾驶人员在曲线范围中连续看到不少于三块诱导标。

该系统通过对行驶车辆的行为进行实时数据采集,利用公路风险评估的内嵌模块对车辆风险等级进行评估,高于安全阈值,则诱导标志上的LED灯珠以不同的闪烁方式对驾驶人进行预警提示,及时采取措施,降低行车风险。

8.3.2 公路连续下坡路段货车制动安全预警系统

国内外交通事故数据显示,公路连续下坡路段往往是道路交通事故的高发路段,事故现场如图8-3所示,而连续下坡路段由于货车制动器温度过高而出现的制动性能下降(尤其是紧急制动能力下降)甚至失效是导致货车交通事故发生的重要原因。

图8-3 连续下坡路段与货车制动有关交通事故

公路交通安全信息在确保公路交通安全方面起着举足轻重的作用,或者说交通事故的发生往往是由于驾驶人无法获得或未能及时获得足够的安全信息所导致的。因此,行车过程中的每一个安全信息都应得到足够的重视。

针对事故多发的公路连续下坡路段而言,给货车驾驶人提供更多更高价值的安全信息是提高路段安全水平的有效途径。作为一个在较大程度上能够衡量货车制动性能的货车制动器温度信息无疑是重要的安全信息之一。公路连续下坡路段,货车制动安全预警系统(Truck Brake Safety Warning System Used on the Long Downhill,简称:BSW)便是紧紧地抓住"货车制动器温度"这一关键的安全信息,通过信息的有效传达实现安全水平提高的目的。具体来讲,该系统可以通过安装于公路路侧的红外热像传感器,实时采集连续下坡路段特定断面货车车轮幅板温度,并经内置算法反算车轮内侧制动摩擦片温度,进而实现连续下坡路段货车制动器温度的不停车实时监测，并通过车牌识别系统进行实时反馈，达到连续下坡路段货车安全制动的主动预警目的，如图 8-4 所示。

a)　b)　c)　d)

图 8-4　公路连续下坡路段货车制动安全预警系统 BSW

公路连续下坡路段，货车制动安全预警系统由红外热像测温模块、车牌识别模块、数据计算分析控制模块、电源管理系统、信息实时反馈模块等构成。

该系统可全天候工作，设备响应时间 <10ms，准确度 $>95\%$，测温范围 $-20\sim250$℃，抓拍图像采集分辨率 1600×1400，设备工作温度 $-40\sim60$℃。装置采用防雨设计，可直接安装到户外使用，各模块配备恒温模块，冬天温度较低时，工作温度低于设定值后，加热模块会自动启动，带工作温度达到正常温度后，加热模块停止加热，夏天天气较热时，设备工作温度高于设定温度后，风扇自动启动，开始给设备散热，降低设备温度。

公路连续下坡路段，货车制动安全预警系统通电启动后，可自动进入无人值守智能模式，自动启动各模块，并开始监测过往装置断面车辆的货车制动温度，一旦发现危险车辆，立即启动车牌识别，获取危险车辆的车型和车牌号，进而通过 LED 可变情报板或组合式太阳能情报板进行预警。设备运行过程中，一旦出现设备异常，瞬间启动自动纠错程序，自动排除故障。

数据计算分析控制模块是针对货车制动安全预警装置等硬件设施而专门开发的设备控制软件，主要用于货车制动安全预警装置的参数设置、数据采集、分析、存储以及实时传送等工作控制。

附录　指标属性和风险系数取值

风险评估各指标属性及风险系数取值见附表1 、附表2和附表3。

公路风险指标属性和风险系数取值　　附表1

公路指标	公路属性	风险系数
不同车型运行速度差(km/h)	<20	1
	≥20	1.2
隧道	无	1
	有	1.2
中间带类型（计算由车辆失控引起的正面相撞风险指标“严重性”用）	波形梁钢护栏	0
	混凝土护栏	0
	实体中央分隔带宽度≥20(m)	2
	实体中央分隔带宽度[10.0,20.0)(m)	10
	实体中央分隔带宽度[5.0,10.0)(m)	35
	实体中央分隔带宽度[1.0,5.0)(m)	80
	实体中央分隔带宽度<1.0(m)	90
	临时示警桩	90
	中央渠化线(>1m)	83
	中心线	100
	单行道	0
	较宽的中心线[0.3,1](m)	95
	缆索护栏	0
中间带类型（计算由车辆超车引起的正面相撞风险指标“严重性”用）	波形梁钢护栏	0
	混凝土护栏	0
	实体中央分隔带宽度≥20(m)	0
	实体中央分隔带宽度[10.0,20.0)(m)	0
	实体中央分隔带宽度[5.0,10.0)(m)	0
	实体中央分隔带宽度[1.0,5.0)(m)	0
	实体中央分隔带宽度<1.0(m)	0
	示警桩	0
	中央渠化线(>1m)	82.5

续上表

公路指标	公路属性	风险系数
中间带类型 (计算由车辆超车引起的正面相撞风险指标“严重性”用)	中心标线	100
	单行道	0
	较宽的中心线[0.3,1](m)	100
	缆索护栏	0
中间带类型 (计算接入口风险指标“可能性”用)	波形梁钢护栏	0.7
	混凝土护栏	0.7
	实体中央分隔带宽度≥20(m)	0.7
	实体中央分隔带宽度[10.0,20.0)(m)	0.7
	实体中央分隔带宽度[5.0,10.0)(m)	0.7
	实体中央分隔带宽度[1.0,5.0)(m)	0.7
	实体中央分隔带宽度<1.0(m)	0.7
	示警桩或分道体	1
	中央渠化线(>1m)	1
	中心标线	1
	单行道	0.7
	较宽的中线[0.3,1](m)	1
	缆索护栏	0.7
中心振动标线	有	1
	无	1.2
左侧路侧危险物距车道边缘线距离(m)	[0,1)	1
	[1,5)	0.8
	[5,10)	0.35
	≥10	0.1
左侧危险物	波形梁钢护栏	12
	混凝土护栏	15
	对摩托车有防护效果的安全设施	12
	缆索护栏	9
	垂直的山体	55
	边坡[15°, 75°)	45
	边坡(≥75°)	40
	深排水渠	55
	边坡(>15°)	45
	临水临崖	90
	直径大于10cm的树	60
	直径大于10cm的标志牌、桩或者杆	60

续上表

公路指标	公路属性	风险系数
左侧危险物	坚硬的结构物、桥梁或者建筑物	60
	易碎的结构物或者建筑物	30
	无防护的护栏端头	60
	大石（高≥20cm）	60
	无危险物	35
右侧路侧危险物距车道边缘线距离（m）	[0,1)	1
	[1,5)	0.8
	[5,10)	0.35
	≥10	0.1
右侧危险物	波形梁钢护栏	12
	混凝土护栏	15
	缆索护栏	9
	垂直的山体	55
	边坡（15°~75°）	45
	边坡（≥75°）	40
	深排水渠	55
	边坡（>15°）	45
	临水临崖	90
	直径大于10cm的树	60
	直径大于10cm的标志牌、桩或者杆	60
	坚硬的结构物、桥梁或者建筑物	60
	易碎的结构物或者建筑物	30
	无防护的护栏端头	60
	大石（高≥20cm）	60
	无危险物	35
路肩振动标线或振动带	无	1.25
	有	1
左侧硬路肩宽度（m）	宽（≥2.4）	0.77
	中等[1.0,2.4)	0.83
	窄[0,1.0)	0.95
	无	1
右侧硬路肩宽度（m）	宽（≥2.4）	0.77
	中等[1.0,2.4)	0.83
	窄[0,1.0)	0.95
	无	1

续上表

公路指标	公路属性	风险系数
交叉口类型(计算交叉口风险指标“可能性”用)	合流匝道	6
	环岛	15
	3 肢交叉:无信号灯、有转弯车道	13
	3 肢交叉:无信号灯、无转弯车道	16
	3 肢交叉:有信号灯、有转弯车道	9
	3 肢交叉:有信号灯、无转弯车道	12
	4 肢交叉:无信号灯、有转弯车道	16
	4 肢交叉:无信号灯、无转弯车道	23
	4 肢交叉:有信号灯、有转弯车道	10
	4 肢交叉:有信号灯、无转弯车道	15
	无交叉口	0
	铁道交叉:被动式,仅有标志	1
	铁道交叉:主动式,闪烁警示灯和闸门	0.5
	中分带开口:非正式	0.5
	中分带开口:正式	0.3
	小型环岛	16
交叉口类型(计算交叉口风险指标“严重度”用)	合流匝道	15
	环岛	15
	3 肢交叉:无信号灯、有转弯车道	45
	3 肢交叉:无信号灯、无转弯车道	45
	3 肢交叉:有信号灯、有转弯车道	45
	3 肢交叉:有信号灯、无转弯车道	45
	4 肢交叉:无信号灯、有转弯车道	50
	4 肢交叉:无信号灯、无转弯车道	50
	4 肢交叉:有信号灯、有转弯车道	50
	4 肢交叉:有信号灯、无转弯车道	50
	无路口	0
	铁道交叉:被动式,仅有标志	150
	铁道交叉:主动式,闪烁警示灯和闸门	150
	中分带开口:非正式	45
	中分带开口:正式	45
	小型环岛	35
交叉口渠化	无	1.2
	有	1
	无交叉口	0

续上表

公路指标	公路属性	风险系数
交叉口流量(辆)	≥15000	1
	[10000,15000)	0.5
	[5000,10000)	0.25
	[1000,5000)	0.125
	[100,1000)	0.063
	[1,100)	0.005
	无交叉口	0
交叉口安全性	标志和标线设置合理、充分,视距充分	1
	缺乏	1.2
	无交叉口	0
交叉口交叉角度(°)	90	1
	[60,90)	1.2
	[30,60)	1.5
	无交叉口	0
接入口 (计算接入口风险指标"可能性"用)	商业性接入≥1个	2
	居住性接入≥3个	1.3
	居住性接入1个或2个	1.1
	无接入口	0
接入口 (计算接入口风险指标"严重性"用)	商业性接入≥1个	50
	居住性接入≥3个	50
	居住性接入1个或2个	50
	无接入口	0
单向车道数(车道)	1	1
	2	0.02
	3	0.01
	4及以上	0.01
车道宽度(m)	宽(≥3.25)	1
	中等[2.75,3.25)	1.2(非穿村路段) 1.05(穿村路段)
	窄[0,2.75)	1.5(非穿村路段) 1.1(穿村路段)
平曲线半径(m)	>1500	1
	[700,1500)	1.2
	[400,700)	1.8
	[200,400)	3.5
	[100,200)	6
	[0,100)	9

续上表

公 路 指 标	公 路 属 性	风 险 系 数
弯道安全性	弯道标志和标线等指示和诱导设施充分	1
	弯道处无专门标志和标线等指示和诱导设施或不足或破损	1.25
	未应用(非弯道段)	1
坡度(%)	[0,2.5)	1
	[2.5,4)	1.05
	[4,7)	1.1
	[7,10)	1.2
	≥10	1.7
路面状况	好	1
	局部破坏,偶尔影响行车	1.2
	破坏严重,连续性影响行车	1.4
抗滑性	硬化路面,抗滑性好	1
	硬化路面,抗滑性中,光滑/反光路面少于20%	1.4
	硬化路面,抗滑性差,超过20%路段光滑/反光	2
	未硬化路面,抗滑性好,不会出现雨天路面泥泞等降低抗滑性情况	3
	未硬化路面,抗滑性差,如雨天光滑的泥路	5.5
诱导标志标线	标志和标线设置合理、充分	1
	只有标线或只有标志	1.1
	差(无或破损严重)	1.2
照明	无	1
	有	0.73
减速标线、减速丘等速度管理措施	无	1.25
	有	1
辅路	无	1.5
	有	1
视距(m)	好	1
	差,通常小于100	1.42

运行速度风险系数取值　　附表2

计算“驶出路外风险”用		
速度(km/h)	路侧险要路段	其他路段
≤30	0.2	0.008
35	0.233	0.013
40	0.267	0.019
45	0.3	0.027

续上表

计算“驶出路外风险”用		
速度(km/h)	路侧险要路段	其他路段
50	0.333	0.037
55	0.367	0.049
60	0.4	0.064
65	0.433	0.081
70	0.467	0.102
75	0.5	0.125
80	0.533	0.152
85	0.567	0.182
90	0.6	0.216
95	0.633	0.254
100	0.667	0.296
105	0.7	0.343
110	0.733	0.394
115	0.767	0.451
120	0.8	0.512
计算“由车辆失控引起的正面相撞风险”用		
速度(km/h)	设中央分隔带的穿村路段	其他路段
≤30	0	0.008
35	0	0.013
40	0	0.019
45	0	0.027
50	0.012	0.037
55	0.016	0.049
60	0.021	0.064
65	0.027	0.081
70	0.068	0.102
75	0.083	0.125
80	0.101	0.152
85	0.121	0.182
90	0.216	0.216
95	0.254	0.254
100	0.296	0.296
105	0.343	0.343
110	0.394	0.394
115	0.451	0.451
120	0.512	0.512

续上表

计算"由车辆超车引起的正面相撞风险"和"接入口风险"用		
速度(km/h)	全路段	
≤30	0.008	
35	0.013	
40	0.019	
45	0.027	
50	0.037	
55	0.049	
60	0.064	
65	0.081	
70	0.102	
75	0.125	
80	0.152	
85	0.182	
90	0.216	
95	0.254	
100	0.296	
105	0.343	
110	0.394	
115	0.451	
120	0.512	
计算"交叉口风险"用		
速度(km/h)	公路与铁路平面相交路段	其他路段
≤30	0.2	0.008
35	0.233	0.013
40	0.267	0.019
45	0.3	0.027
50	0.333	0.037
55	0.367	0.049
60	0.4	0.064
65	0.433	0.081
70	0.467	0.102
75	0.5	0.125
80	0.533	0.152
85	0.567	0.182
90	0.6	0.216

续上表

计算“交叉口风险”用		
速度(km/h)	公路与铁路平面相交路段	其他路段
95	0.633	0.254
100	0.667	0.296
105	0.7	0.343
110	0.733	0.394
115	0.767	0.451
120	0.8	0.512

交通量风险系数取值

附表 3

计算“驶出路外风险”用				
每条车道 AADT	无中央分隔带 1 车道	无中央分隔带 2 车道	无中央分隔带 3 车道	无中央分隔带 4 车道及以上
(0,2000]	0.474	0.451	0.431	0.413
(2000,4000]	0.448	0.408	0.377	0.355
(4000,6000]	0.422	0.37	0.336	0.313
(6000,8000]	0.397	0.339	0.306	0.284
(8000,10000]	0.372	0.312	0.285	0.262
(10000,12000]	0.347	0.29	0.27	0.25
(12000~14000]	0.322	0.273	0.26	0.25
(14000~16000]	0.298	0.261	0.255	0.25
(16000~18000]	0.274	0.253	0.252	0.25
>18000	0.25	0.25	0.25	0.25
每条车道 AADT	有中央分隔带			
>0	0.5			
计算“由车辆失控引起的正面相撞风险”用				
每条车道 AADT	无中央分隔带 1 车道	无中央分隔带 2 车道	无中央分隔带 3 车道	无中央分隔带 4 车道及以上
(0,2000]	0.052	0.099	0.139	0.173
(2000,4000]	0.104	0.185	0.246	0.291
(4000,6000]	0.155	0.259	0.327	0.373
(6000,8000]	0.206	0.323	0.388	0.433
(8000,10000]	0.256	0.376	0.431	0.475
(10000,12000]	0.306	0.419	0.461	0.5
(12000,14000]	0.355	0.453	0.48	0.5
(14000,16000]	0.404	0.478	0.491	0.5
(16000,18000]	0.452	0.493	0.497	0.5
>18000	0.5	0.5	0.5	0.5

续上表

计算“由车辆失控引起的正面相撞风险”用				
每条车道 AADT	有中央分隔带 1 车道	有中央分隔带 2 车道	有中央分隔带 3 车道	有中央分隔带 4 车道及以上
(0,2000]	0.052	0.099	0.139	0.173
(2000,4000]	0.104	0.185	0.246	0.291
(4000,6000]	0.155	0.259	0.327	0.373
(6000,8000]	0.206	0.323	0.388	0.433
(8000,10000]	0.256	0.376	0.431	0.475
(10000,12000]	0.306	0.419	0.461	0.5
(12000,14000]	0.355	0.453	0.48	0.5
(14000,16000]	0.404	0.478	0.491	0.5
(16000~18000]	0.452	0.493	0.497	0.5
>18000	0.5	0.5	0.5	0.5
计算“由车辆超车引起的正面相撞风险”用				
每条车道 AADT	无中央分隔带 1 车道	无中央分隔带 2 车道	无中央分隔带 3 车道	无中央分隔带 4 车道及以上
(0,2000]	0.01	0.01	0.01	0.01
(2000,4000]	0.02	0.02	0.02	0.02
(4000,6000]	0.03	0.03	0.03	0.03
(6000,8000]	0.042	0.042	0.042	0.042
(8000,10000]	0.06	0.06	0.06	0.06
(10000,12000]	0.086	0.086	0.086	0.086
(12000,14000]	0.116	0.116	0.116	0.116
(14000,16000]	0.148	0.148	0.148	0.148
(16000,18000]	0.18	0.18	0.18	0.18
>18000	0.2	0.2	0.2	0.2
每条车道 AADT	有中央分隔带			
>0	0			
计算“交叉口风险”用				
交叉口 AADT	全路段			
0	0			
[1,100]	0.005			
(100,1000]	0.063			
(1000,5000]	0.125			
(5000,10000]	0.25			
(10000,15000]	0.5			
>15000	1			

续上表

计算"接入口风险"用	
接入口个数	全路段
0	0
居住性接入 1 或 2	0.01
居住性接入≥3	0.02
商业性接入≥1	0.03

参 考 文 献

[1] Margie Peden, Richard Scurfield, DavidSlee,等. 世界预防道路交通伤害报告[M]. 北京:人民卫生出版社,2004.

[2] 交通运输部公路科学研究院和中瑞交通安全研究中心,《2015 年中国道路交通安全蓝皮书》[M]. 北京:人民交通出版社,2016

[3] 唐琤琤,何勇,等.《道路交通安全技术》[M]. 北京:人民交通出版社,2008.

[4] 唐琤琤,何勇,张铁军,等. 道路交通安全手册[M]. 北京:人民交通出版社,2009.

[5] 王长军. 第十届中国道路交通安全论坛.《"十三五"道路交通安全改善思路》[C]. 上海:2016.

[6] 公安部交通管理局.《中华人民共和国道路交通事故统计年报(2015 年度)》[M]. 北京:公安部交通管理科学研究所,2016.10.

[7] 裴玉龙,王炜.《道路交通事故成因及预防对策》[M]. 北京:科学出版社 2004.

[8] 公安部交通管理局.《中华人民共和国道路交通事故统计年报(2014 年度)》[M]. 北京:公安部交通管理科学研究所,2015.8.

[9] 公安部交通管理局.《中华人民共和国道路交通事故统计年报(2013 年度)》[M]. 北京:公安部交通管理科学研究所,2014.6.

[10] 公安部交通管理局.《中华人民共和国道路交通事故统计年报(2012 年度)》[M]. 北京:公安部交通管理科学研究所,2013.6.

[11] 公安部交通管理局.《中华人民共和国道路交通事故统计年报(2011 年度)》[M]. 北京:公安部交通管理科学研究所,2012.6.

[12] 华启迪,陈松灵. 道路交通事故发生机理分析及应用研究[J]. 山东交通科技,2008,(01):72-74 +83.

[13] 肖敏敏,苗聪. 道路交通安全工程[M]. 北京:中国建筑工业出版社,2012.

[14] 刘志强,葛如海,龚标. 道路交通安全工程[M]. 北京:化学工业出版社,2005.

[15] 王宏伟. 道路条件对公路交通安全的影响研究[D]. 西南交通大学,2010.

[16] 张锁,陈龙,李永芳. 重视道路因素对道路交通安全的影响[J]. 山西交通科技,2006,(02):63-65 +85.

[17] 高天柱,我国道路交通事故特点规律及预防研究[M]. 长安大学,2014.

[18] Reason J. Human error[M]. Cambridge university press,1990.

[19] 侯德藻,敖道朝,李爱民,等.《山区高速公路安全设计指南》[M]. 北京:人民交通出版社,2014.

[20] O'neill B, Mohan D. Reducing motor vehicle crash deaths and injuries in newly motorising countries[J]. BMJ: British Medical Journal,2002,324(7346):1142.

[21] Stockholm, Swedish Ministry of Transport and Communication. En route to a society with safe road traffic[C]. Memorandum DS. 1997.

[22] Wegman F, Elsenaar P. Sustainable solutions to improve road safety in the Netherlands [J]. 1997.

[23] Belin M A, Johansson R, Lindberg J, et al. The Vision Zero and its consequences[C]//Proceedings of the 4 th International Conference on Safety and the Environment in the 21 st Century. 1997:23-27.

[24] Elvik R. Cost-Benefit analysis of safety measures for vulnerable and inexperienced road users. Work package 5 of Eu-Project promising[M]. 1999.

[25] Bunn F, Collier T, Frost C, et al. Traffic calming for the prevention of road traffic injuries: systematic review and meta-analysis[J]. Injury prevention, 2003, 9(3):200-204.

[26] Kuala Lumper. Guidelines for the safety audit of roads and road project in Malaysia[M]. Roads Branch, Public Works Department, 1997.

[27] Guidelines for road safety audit[M]. London: Institution of Highways and Transportation, 1996.

[28] 苏文英,王玮,等. 道路交通安全设施计量检测技术[M]. 北京:人民交通出版社,2008.

[29] 交通运输部公路科学研究院,贵州省交通运输厅.《公路安全生命防护工程实施技术指南(试行)》[M]. 北京:中华人民共和国交通运输部,2015.

[30] 张杰,熊彬,孙小端,等. 低等级公路低成本交通安全措施研究[J]. 中外公路,2013,33(2):293-296.

[31] 葛孝先,邓兴龙,许华峰. 日本的道路交通管理[J]. 道路交通管理,2010,2:025.

[32] Lene Herrstedt. Self-Explaining and Forgiving Roads-Speed Management in Rural Areas [Z], Trafitec, Denmark, 2006.

[33] National Research Council (US). Transportation Research Board. Task Force on Development of the Highway Safety Manual, Transportation Officials. Joint Task Force on the Highway Safety Manual. Highway safety manual[M]. AASHTO, 2010.

[34] Blair Turner, Eric Howard, Jeanne Breen etc. Road Safety manual(2nd Edition) [R]. PIARC.

[35] Preston H, Storm R, Scurry K, et al. Using Risk to Drive Safety Investments[J]. Public Roads, 2013, 76(6).

[36] Ward L. FHWA Road Safety Audit Guidelines[J]. FHWA Road Safety Audit Guidelines, 2006.

[37] Eenink R, Reurings M, Elvik R, et al. Accident prediction models and road safety impact assessment: recommendations for using these tools[J]. Institute for Road Safety Research, Leidschendam, 2008.

[38] Pratt R I, Carolina S, Roush N H, et al. American Association of State Highway and Transportation Officials[J]. 2000.

[39] World Road Association (PIARC). Road Safety Audit Guide[C]. Paris, France.

[40] World Road Association (PIARC). Road Safety Inspection Guideline for Safety Checks of Existing Roads[C]. Paris, France.

[41] AUSTROADS. Road Safety Audit[M]. Final Version (Pre-print draft - 21 March 2001) Sydney, Australia, 2001.

[42] BULPITT, M. Proceedings of the AustRoads International Road Safety Audit Forum[C], Melbourne, Australia 1998.

[43] Crafer A. Review of road safety audits[J]. Highways and transportation, 1995, 42(6):9-10.

[44] SCHERTZ, G. Status of Road Safety Audits in the United States of America. Proceedings of the AustRoads International Road Safety Audit Forum[C]. Melbourne, Australia, 1998.

[45] Macaulay J, McInerney R. Evaluation of the proposed actions emanating from road safety audits[R]. 2001.

[46] 中华人民共和国行业标准. JTG-T B05—2004 公路项目安全性评价指南[S]. 北京:人民交通出版社,2004.

[47] 中华人民共和国行业标准. JTG B05—2015 公路项目安全性评价规范[S]. 北京:人民交通出版社,2015.

[48] http://www. safetyanalyst. org/index. htm

[49] 王琰,李琳,吴京梅,等. 公路网交通事故风险评估与安全管理技术[M]. 北京:人民交通出版社,2012.

[50] 范耀天. 内河船舶交通安全评价法——危险指数法[J]. 交通科技,2000 (3):53-54.

[51] 赖锦明,李威. 国际道路交通"零伤亡愿景"与安全系统方法案例及启示[J]. 交通与运输,2017 (2):4-7.

[52] 肖敏敏,苗聪著. 道路交通安全工程[M]. 北京:中国建筑工业出版社,2012.

[53] 方守恩.《高速公路》[M]. 北京:人民交通出版社,2012.

[54] 中华人民共和国国家标准. GB/T 23694—2013 风险管理术语[S]. 北京:中国标准出版社.

[55] ISO/TR 9464—1998, ISO 5167-1:1991 标准的使用导则[S].

[56] 中华人民共和国交通行业标准. JTG/T B05—2004. 公路项目安全性评价指南[S]. 北京:人民交通出版社. 2004.

[57] 过秀成. 道路交通安全学[M]. 南京:东南大学出版社,2001.

[58] 陈艳艳,王光远. 桥梁抗震加固经济可行性评估[J]. 世界地震工程,2002,(01):18-22.

[59] 陈艳艳,刘小明,任福田. 交通路网灾害风险系统影响分析[J]. 公路交通科技,2002,19(4):79-81.

[60] 何寿奎. 基于证据融合的城市交通安全风险综合评价[J]. 华东公路,2007 (5):63-66.

[61] 马海红,郭继孚,孙壮志. 奥运交通风险评估与实例分析[J]. 城市交通,2008,(03):47-69.

[62] 刘东,路峰,马社强,等. 道路交通安全综合评价体系评价指标的筛选与确定[J]. 中国人民公安大学学报(自然科学版),2005,(01):84-87.

[63] 朱顺应,王红. 道路安全评价因子分析法[J]. 重庆交通大学学报 (自然科学版),2006,25(4):99-101.

[64] Chandler B, Anderson R. Implementing the high risk rural roads program[R]. 2010.

[65] NZ Transport Agency. High Risk Rural Roads Guide[M]. New Zealand Transport Agency, Wellington, New Zealand.

[66] Http://www. cmfclearinghouse. org/

[67] http://www. irap. org/toolkits.

[68] Fitzpatrick K, Elefteriadou L, Harwood D W, et al. Speed prediction for two-lane rural highways[R]. 2000.

[69] Harwood D W, Council F M, Hauer E, et al. Prediction of the expected safety performance of rural two-lane highways[R]. 2000.

[70] 交通部公路科学研究院. 西部地区公路交通安全评价研究报告-双车道公路安全性评价模型研究[R]. 2006(12).

[71] 交通部公路科学研究院. 公路交通安全手册研究报告[R]. 2007(11).

[72] Cairney P, Turner B, Imberger K. Guide to road safety part 2: road safety strategy and evaluation[M]. 2013.

[73] National Risk Assessment Model. Program Development and Trials: Interim Report[C]. 2009/10.

[74] Mason C, SWEARS R. High-Risk Rural Roads Guide[C] //Twenty-Fourth Canadian Multidisciplinary Road Safety Conference. 2014.

[75] J Theeuwes, H Godthelp, Self-explaining roads[J]. Safety Science, 1995, 19 (2-3): 217-225.

[76] Charlton S G, Mackie H W, Baas P H, et al. Using endemic road features to create self-explaining roads and reduce vehicle speeds[J]. Accident Analysis & Prevention, 2010, 42(6): 1989-1998.